경남산문선 98

박재연
수필집

영우도
影友島

돌판 경남

author's note

———

작가의 말

두 번째 수필집이다.

글을 잘 쓴다기보다는 기억 속의 이야기나 주변의 이야기나 생각들을 정리하는 것이란 생각이 한 권의 수필집으로 족하다고 생각했었다.

그런데 두 번째 수필집은 따뜻하고 멋진 어르신인 두 선배님(황민영, 신오규)께 마음을 전할 선물을 생각하다가 마땅한 것을 찾지 못하고 수필집으로 대신하겠다고 겁 없이 약속을 했다.

나이가 들면 연륜만큼 품 넓은 어른이 되는 줄 알았다. 그러나 어른다운 어른이 연륜만으로 되는 것이 아니었다. 인격이 있으면서 따뜻한 사람들은 생각보다 적었다. 두 분 선배님을 보면서 나도 그렇게 나이를 먹고 싶다는 생각을 한다.

정말로 무더웠던 여름 끝자락에 신오규 선배님께서 농사지으신 자두를 보내셨다. 굵고 실한 자두를 소중한 맘으로 먹었다. 무더위에 흘렸을 땀과 후배를 챙겨주시는 맘이 들어 있는 자두를 보약 먹듯이 먹었다.

글을 정리하면서 상윤이가 부쩍 보고 싶었다. 엊그제 떠난 것 같은데 3년이 지났다. 첫 번째 수필집이 나왔을 때 암투병 중이던 상윤이는 무슨 특효약을 만난 것처럼 좋아하던 얼굴이 생생하게 떠오른다. 두 번째 수필집이 나오면 상윤이를 보러 가야겠다.

―재연

• 차례 •

작가의 말 • 2

Chapter 1

봄은 빛이다

첫 번째 동무 • 010
무궁화나무 • 016
다음에 또 • 020
봄은 빛이다 • 024
왜 나였을까? • 028
엄마는 봄처녀 • 032
제비꽃 • 037
4월 나들이 • 043
화로 • 047
엄마의 강 • 052

Chapter 2 비 오는 날

사진 속으로	• 058
선물	• 064
비 오는 날	• 068
그레이하운드	• 073
비의 나그네	• 078
귀곡산장	• 083
한 꼬집	• 088
맹꽁이 분양	• 093
변압기	• 103
방생	• 108

Chapter 3 **엄마야 세상에**

바늘구멍	• 114
이웃사촌	• 119
오래된 숙제	• 124
옥수수 1,000개 그리고…	• 129
공범	• 135
칠순	• 139
매듭	• 144
뽕스 클럽	• 149
할매	• 152

Chapter 4

영우도

소박한 꿈	· 160
마지막 편지	· 165
뒤죽박죽	· 172
아름다운 소리	· 177
마지막 직장	· 182
The #	· 187
해피 엔딩	· 192
영우도影友島	· 198
전입신고	· 203
영우도 주민 소풍날	· 208
훗날의 애독자	· 213

chapter 1

봄은 빛이다

chapter 1

첫 번째 동무

 아주 오래된 흑백사진에 꼬마 여자아이 두 명이 나란히 서 있다. 나와 나의 첫 번째 동무다.
 또래보다 작고 빼빼한 나에 비해 옆의 아이는 크고 우람하다. 나보다 한 뼘이나 더 큰 키에 가슴을 활짝 열고 턱 버티고 서 있는 모습이 언니 같다.
 바람이 약간 불었는지 내 바짓가랑이는 풍성하게 넓혀져 있고 윗도리 주머니에 두 손을 넣고 있는데 어깨엔 힘이 들어가 있다. 동무의 한복 통치마 속에도 바람이 들어가 치마가 부풀어 있었지만 친구는 이것쯤이야 하는 듯이 쫙 편 어깨에서 허리 아래까지 흰 목도리가 길게 늘어져 있는 모습이 당당해 보인다. 옷차림으로는 시골 쥐와 도시 쥐 같다.

우리 뒤쪽엔 철근을 휘는 작업대가 있고 저 뒤쪽엔 상판이 오르기 전의 다리 교각이 희미하게 보인다. 나무로 얼기설기 발판을 만들어 새로 만든 교각 틀도 사진에 있다. 공사장에 사람이라곤 보이지 않는 것으로 봐선 앞에 보이는 교각 틀에 새로 넣은 콘크리트가 굳기를 기다리는 중인가 보다. 콘크리트 성형으로 한가한 틈을 타서 아버지께서 사진을 찍어주신 것 같다.

그 당시 아버지께서는 합천에 오래 머물러 계셨다. 하천의 물길을 돌리는 제방 공사와 다리 공사까지 하는 공사라 기간이 꽤 걸리는 일이었다. 부모님께서 세 들어 사는 집에는 내 또래의 딸이 있어 자연스레 동무가 되었다. 장난감도 없던 시절에 고무줄놀이를 하라며 아버지는 공사 현장에서 못 쓰게 된 타이어 튜브를 줍고 길게 잘라주시곤 했다.

모든 것이 부족하고 불편했던 시절이었다. 모두들 그러려니 하며 살았던 시절이기도 했다.

엄마는 본가에 남아 있는 언니와 오빠를 챙기러 부산에 종종 갔다. 내 기억 속에 삼천리 시외버스였고 버스 창문에 S자를 길게 늘여놓은 마크가 그려져 있었는데 버스가 산 옆으로 구불구불 돌아갈 때면 버스가 달리는 길처럼 그렸다고 생각했다.

버스는 비포장 좁은 길을 덜컹덜컹 가다가 멈추곤 했다. 운전기사 아저씨가 공구를 들고 내려서 두드리기도 하고 차 밑으로 들어가기도 했다. 우리는 차 안에서 마냥 기다렸다. 어떤 어른들은 길에 내려서 마냥 기다리고 있다가 '갑시다' 하는 소리에 사람들이 다시 오르고 조수가 '오라이' 하는 소리에 버스가 다시 앞으로 가곤 했다.

그렇게 가다가 쉬다가 가다가를 반복하면서 물가에 다다르면 큰 뗏목이 기다리고 있었다. 버스가 뗏목 위로 올라가고 몇몇 어른들은 내려서 뗏목 끝에 서 있기도 했다. 버스와 사람들을 싣고도 가라앉지 않는 뗏목이 참 신기했었다.

언젠가는 정암나루에 도착하니 여름임에도 불구하고 해가 지고 있었다. 그날은 버스 고장이 잦았던 모양이다. 지금 생각하면 부산에서 합천까지 종일 걸리는 것도 상상하기 힘든데 정암나루에서 1박까지 하고 다음 날 합천까지 간다는 게 다른 세상일처럼 느껴진다.

엄마는 여관 마루에 나와 동생을 앉혀놓고 버스에 짐을 가지러 다시 가셨다.

동네 여자아이들이 마당으로 하나둘 모여들었다. 처음엔 무슨 영문인지 몰랐다. 통치마 저고리를 입은 아이들이 간땅구(그땐 원피스를 그렇게 불렀다)를 입은 도시 아이를 구경하러 온 것이다. 도시와 시골의 차이가 심했던 시절의 풍경이기도 하지만 가끔 생각하면 왠지 미안한 생각이 들기도 한다. 그게 1958년의 모습이기도 했다.

그날은 쌀쌀한 가을날이었다.

동무와 나는 집에서 좀 떨어진 곳까지 놀러 나왔다. 미나리꽝 옆을 걸어가고 있었는데 논둑이 조금 경사가 졌다. 내가 경사진 아래쪽에 동무는 위쪽에서 걷고 있었다.

뭔지 모르지만 말다툼을 하면서 걷고 있었고 난 약간의 위기감을 느꼈다. 덩치 큰 친구가 날 갑자기 밀면 얼른 피해버려야지 하는 생각을 하고 있었는데 정말로 그런 상황이 일어났다.

내가 재빠르게 몸을 피하는 바람에 균형을 잃은 친구는 곧바로 미나리꽝에 빠져버렸고 울면서 집으로 돌아왔다. 머리끝에서 발끝까지 물과 흙으로 덮었다. 통치마는 물에 젖어 몸을 휘휘 감았고 눈만 빼고 얼굴도 여기저기 논흙투성이다. 대문을 들어서면서 동무는 더 서럽게 울었고 쫄래쫄래 뒤따라가던 난 상황 설명을 할 기회도 없이 대문 밖으로 쫓겨났다. 그땐 이해하지 못했지만 자라서 생각하니 주인집 딸이 그 모양으로 되었으니 이유 불문하고 엄마 입장이 난처했겠다는 생각이 들었다.

쫓겨난 나는 갈 곳이 없다. 그냥 대문 앞에 쪼그리고 앉아서 아버지가 돌아오실 때까지 기다리는 수밖에.

"추운데 밖에서 떨고 있노? 어서 들어가자."

아버지 손을 잡고 아버지 뒤에 몸을 숨기며 마당으로 들어섰다.

"날도 춥고 해도 지는데 아이를 안 챙기고……."

"아이고 내가 내쫓았는데 뭐하러 데리고 들어와요. 도로 내쫓아야지."

말만 그렇지 못 본 척해주는 엄마 덕에 얼른 따뜻한 방으로 들어가면서 그날의 일이 마무리되었다.

그런데 내 첫 번째 동무의 이름이 '숙영'인지 '순영'인지 '숙연'인지 '순연'인지 잘 모른다.

'수ㅇ녀ㅇ이' '수ㄴ여ㄴ이' 아무튼 자음접변이 심한 경상도 아줌마들의 투박한 목소리에서 동무의 이름은 아리송하기만 했다. 내가 아직 한글을 모르니 더 그랬다. 웃기게도 내 귀엔 '숭늉'과 비슷하게 들렸던 기억도 있다. 훗날 엄마들이 부르던 소리를 유추해서 그 넷 중에 하나라고 생각하고 있다. 맞는지 틀리는지 몰라도 동네 이름은 영창이라고 기억하고 있었다.

내가 초등학교 입학을 하고 언니랑 오빠가 있는 부산 본가로 오면서 내 첫 번째 동무와의 시간은 끝이 났다.

합천.

늘 꿈속에서 다녀온 곳 같기도 하고 마음의 고향 같기도 해서 정이 가는 곳이다.

10여 년 전에 합천을 가게 되었다. 다리를 지나면서 합천으로 들어서고 있었다. 차창 밖에 낡은 다리가 눈에 들어온다. 늙어 가늘어진 노인네 다리처럼 초라한 다리가 세월의 때를 고스란히 지니고 서 있는 모양을 보는 순간 어릴 적 공사 현장을 분주하게 오가던 아버지가 떠오른다. 50여 년 전 합천 어디쯤인가에 공회당(그때는 그렇게 불렀다) 상량식 때 긴 광목 그네를 타고 있던 아버지의 사진이 생각난다.

행사 주체자들인 합천 사람에게 혹시 영창이란 동네가 있냐고 물었다. 있다는 말에 반가웠다.

언젠가 영창이란 동네에 가서 내 첫 번째 동무를 수소문해 봐야겠다고 생각했다.

그리고 한참 후에 그 좁고 낡은 다리를 해체했다는 소식을 풍문으로 들었다. 그 다리 공사를 할 때의 아버지 나이를 계산해본다. 일곱 살 다섯 살 아이를 둔 지금의 우리 큰아들과 같은 나이쯤이었다니, 격세지감을 느낀다. 여섯 살이었던 꼬맹이는 이제 눈앞에 일흔을 바라보고 있다. 일흔이 되기 전에 그 동무를 찾아봐야겠다는 생각을 한다. 내 얼굴은 기억하지 못해도 그 가을날의 대사건은 기억하고 있을 것 같다.

빛바랜 흑백사진을 보여주며 동무의 이름이 숙영인지 순영인지 물어봐야겠다.

그리고 '난 재연이야, 박재연'이라고 또박또박 알려줘야겠다.

chapter 1

무궁화나무

　　무궁화 무궁화 우리나라 꽃
　　삼천리 강산에 우리나라 꽃

　내가 학교에 가기도 전에 언니 오빠를 따라서 자연스레 불렀던 노래다.
　우리 마당에도 무궁화나무가 수돗가 옆에 서 있었다. 그때는 노래처럼 무궁화나무를 여기저기서 흔하게 볼 수 있었다.
　초등학교에 입학하고 아직 겨울바람이 남아 있던 3월 어느 일요일이었다. 같은 학년이지만 촌수로는 아지매가 되는 덕자가 왔다. 집안에서는 별로 놀거리가 없어 자연스레 밖으로 나갔고 동네 여기저기 기웃거리다가 놀잇감을 찾았다. 학교 가는 길에 계단을 대여섯 개쯤 올라가야 대문이 있는 집이 있었다. 계단 난간에서 미끄럼을 타자고 했다. 거친 시멘트라 잘 내려가지 않아서 그 위에 흙을 뿌리고 엉덩이를 올리니까 아쉬운 대로 미끄럼 탈 만했다. 한참을 신나게 타고 집으로 오니 엄마는 수돗가에서 빨래를 하고 있었다.

"아지매, 재연이 바지에 빵구 났어요."

내 바지에 구멍이 났다고? 초등학교 입학한다고 사다 준 우단 투피스는 몇 번 입지도 않았는데… 아차 야단맞겠다는 생각이 들었다.

엄마가 내 뒤를 살펴보더니 아무 말 없이 나를 무궁화나무에 묶었고 놀란 덕자는 후다닥 집으로 가버렸다.

나무에 묶인 나는 엄마 얼굴만 쳐다본다. 꾹 다문 입과 불룩한 엄마의 볼을 보며 엄마가 화가 단단히 났다고 생각했다. 엄마는 나를 쳐다보지 않고 하던 빨래만 하고 있었다. 마치 난 그곳에 없는 것처럼 엄마는 빨래만 했다. 차라리 나부터 야단치고 빨래를 하면 될 텐데….

엄마가 빨래하는 시간이 나에겐 약간의 공포였다.

빨래를 끝낸 엄마는 나의 예상과는 달리 풀어주면서 가서 놀아라고 했다. 이게 맞나? 그냥 가도 되나? 주춤했다. 엄마는 두툼한 손으로 내 엉덩이를 툭 치며 그냥 가란다. 이게 끝이라고? 슬금슬금 엄마의 눈치를 보는 나를 두고 엄마는 부엌으로 간다. 슬며시 나도 방으로 들어갔다.

그날 저녁 엄마가 언니한테 하는 이야기를 듣고 상황 판단이 되었다. 엄마는 내가 잠든 줄 알고 언니에게 낮에 있었던 이야기를 했다.

"재연이 바지 빵구 났다고 일러주는 덕자는 엉덩이가 나올 만큼 빵구가 났더라. 도무지 웃음이 나와서 야단을 칠 수가 없어 나무에 묶었지."

그리고 언니와 함께 또 웃는다. 아, 그랬구나. 난 덕자의 엉덩이를 보지 못했다. 그런데 엄마의 이야기를 들으면서 '아~ 사람이 웃음을 참아도 화난 얼굴처럼 되는구나' 생각했다. 그것이 뭔가 새로운 걸 알아챈 것 같아서 내심 우쭐했던 기억이 나서 웃는다.

며칠 후 학교에서 돌아왔는데 마당에 무궁화나무가 없어졌다.

"엄마 무궁화나무는 왜 뽑았어?"

"비리(진딧물)가 너무 많아서."

엄마 대답은 아무 일도 아니라는 듯이 너무 쉽다. 이번에도 내 맘대로 풀이를 했다. 피이, 비리는 무슨 비리. 나를 묶었던 것이 생각나면 미안해서 그랬겠지.

그 당시(59년도) 옷도 옷감도 허술했을 시절에 딸이 처음 학교 간다고 좀 과하게 돈을 주고 사줬을 붉은색 우단 투피스를 빵구 냈으면 본전 생각에 화가 많이 났을 텐데 웃음 참는 것이 우선이었던 울 엄마 덕분에 쫄면서도 이런저런 상황을 생각할 수 있었던 짧은 시간들이 귀하게 생각된다. 언젠가 며느리가 나더러 왜 화를 내지 않느냐고 물었다. 내가 화를 냈을 때 그 찌꺼기가 조금이라도 내게 되돌아오지 않게 완전하게 화를 던질 수가 없으니까 그렇다고 대답했던 적이 있다. 그럴 때는 뭉뚱한 우리 엄마가 내 속에도 있나 보다. 엄마가 보고 싶다.

내가 이곳으로 이사 올 때만 해도(95년) 동네 하천 둑에 무궁화나무가 줄지어 있었다. 지금은 무궁화는 뽑히고 벚나무들이 대신하고 있다. 봄이면 화사한 벚꽃들이 아름답게 핀다. 벚꽃이 필 때면 좀 엉뚱한 빨강머리 앤이 생각난다. 빨강머리 앤처럼 엄마에게 물어보지도 않고 내 생각대로 해석해버리던 작고 빼빼 마른 나를 만난다.

chapter 1

다음에 또

  다음을 기약하는 마음은 어렸을 때 엄마가 내게 심어줬다.
  친구가 우리 집에서 한참을 놀다가 집으로 돌아간다기에 대문까지 따라나가 '잘 가라' 손 흔들고 방으로 돌아오니 엄마가 인사는 그렇게 하는 것이 아니란다. 잘 가라는 말 뒤에 '다음에 만나자' 아니면 '또 놀러와'라는 말을 꼭 붙여야 한다고 했다. 헤어질 때는 그렇게 다음을 기약하는 말을 남겨야 한다고 했다.
  그 나이에 기약이란 정확한 뜻은 몰랐지만 엄마가 말하는 뉘앙스로 이 순간이 마지막인 것처럼 하지 말고 다음이라는 기다림이나 희망 같은 것을 남겨야 한다는 말로 받아들였다. 요즈음 엄마가 말하던 기약이란 말이 정말 크게 와닿았다.

"재연아! 정남이 소식 들었니?"

정숙 언니가 울먹이며 전화했다. 무슨 낭패가 생긴 것이란 느낌에 긴장했다. 정남 언니가 갑자기 뇌경색으로 쓰러졌단다.

아닌 밤중에 홍두깨라더니, 며칠 전 점심을 먹고 헤어질 때 다음 화요일에 언니의 두 번째 시집 발간 축하로 밥 먹자고 했는데 멍하다. 한 치 앞을 모르는 것이 삶이라더니.

언니는 왼쪽으로 마비가 오고 말을 못하게 되었다며 정숙이 언니는 터지는 울음을 참으면서 이야기한다. 나는 정남이 어쩌냐며 울먹이는 언니도 걱정이 된다.

육십 나이에 만났지만 소꿉동무가 한참이나 떨어져 살다가 늦게 다시 만난 것처럼 손을 꼭 잡고 다니는 모습을 보면 잊고 있었던 동무라는 단어를 정겹게 떠올리게 만드는 언니들이었다.

중환자실에 있다가 열흘쯤 지나서 다른 병원으로 옮겼고 아주 잠깐 만날 수 있다기에 만나러 갔다.

간병인이 휠체어에 앉혀서 밀고 왔다. 손을 잡고 우리들의 말에 고갯짓으로 반가움을 대신한다. 그 와중에도 우리들을 안심시키려고 왼쪽 다리를 들어 올려 보여준다.

반가웠다. 다행이었다. 그리고 얼굴을 보니 오히려 마음이 놓였다. 말은 들리는데 말을 할 수 없는 그 답답함이 오죽할까? 지난날들을 돌아보면서 뭘 생각할까? 마음은 또 얼마나 조급할까? 낙담하여 내일이 두렵지는 않을까? 그런 걱정들이 언니의 의지 강한 눈빛을 보면서 조금 안심이 되었다.

"언니! 정숙이 언니랑 우리 1박 2일 가기로 한 것 기억해요?"

고개를 끄덕이기는 하는데 확실하지는 않다. 농번기 끝나기 기다리지 말고 갔다 왔어야 했다는 후회도 했지만 그래도 다음을 이야기할 수 있어 다행이다.

"언니! 빨리 나아서 1박 2일 갑시다."

고개를 끄덕이는 언니를 보면서 엄마가 말한 기약이란 단어를 생각했다. 그날 밤 도무지 해석할 수 없는 문자를 정남이 언니가 보내왔다.

─오늘바지만지바날먼날미판잔ㄱ.ㅅ다무근미라로아얼마니거니못나디것이 거니

짧은 시간에 반가웠고 말을 못하니 의사를 전하지 못한 것이 안타까워서 문자를 보냈나 보다. 알아볼 수는 없지만 그래도 문자를 시도한다는 것만으로도 다행이고 고맙다.

그날 밤 나는 말 잘하는 언니를 꿈에서 만났다. 꿈 이야기를 문자로 보냈다. 그렇게 간혹 통화를 하거나 문자를 종종 보낸다.

50일 정도 지나서 보낸 문자는 알아보겠다.

─날마다좋아진다걱정이날아

맞춤법이 틀리지만 걱정 말라는 마음은 그대로 전해진다.

- 언니 문자 받고 무지 반가웠고 그 여운이 오늘도 생생해요. 언니 힘내 줘서 고마워요.
- 언니 그럴 줄 알았어요. 곧 회복이 되겠죠.
- 언니가 좋아지니 정숙이 언니 걱정도 줄어들어 또 좋네요. 화이팅!

어느 날 통화하면서 왼쪽 마비는 어떠냐고 물었더니 '내 걷는다'라고 조금 어눌하지만 문장으로 대답한다. 다행이다.
정숙이 언니한테 걷는다는 소식을 전하니 정말이냐며 반가워한다. 정남이 언니 퇴원하면 미루지 말고 1박 2일 가자고 했다.

'또 만나자' '또 와' 그 '또' 속에 있는 기다림과 설렘과 반가움, 그리고 따뜻함을 엄마가 알려줬구나. 문득 어린 시절 또뽑기에서 만나던 '또'에서 환호했던 순수함도 함께 생각난다.

chapter 1

봄은 빛이다

봄은 언제부터인가?

어릴 적에 나는 봄은 3·4·5월 여름은 6·7·8월 가을은 9·10·11월 겨울은 12·1·2월이라고 생각했다. 그래서 3월 신학기만 되면 봄이 왔으니 치마를 달라고 엄마를 졸랐다. 그때마다 엄마는 아직 봄이 아니란다.

"3월이면 봄이잖아."

"아직 영동 할매 하늘로 올라가지도 않았는데 봄은 무슨 봄. 아직 멀었다. 꽃샘 추위도 남았고."

영동 할매는 또 누구란 말인가? 그 할매는 언제쯤 떠난다는 말인지.

"그게 정확히 언제냐구."

"음력 2월은 지나야지."

음력 2월은 또 뭐야. 3월이면 봄이지. 그리고 애타게 기다리다가 이제 음력 2월이 끝났으니 치마를 달라고 하면 목욕탕에 갔다 와야 한단다.

치마 아래로 다리를 내놓으려면 내복 속에 있던 묵은 때를 씻어야 한단다. 에고, 목욕을 가려면 일요일까지 기다려야 한다는 말이네. 나는 마음이 바쁜데 엄마는 느리다. 다리의 때라니. 그런 것은 아무런 상관이 없다. 오로지 친구들과 공놀이를 할 때 치마가 꼭 필요하기 때문이었다. 공을 튀기며 다리를 이리저리 공을 넘기기도 하고 발로 찍기도 하고 돌기도 하면서 이런저런 동작들 마지막 마무리는 가랑이 사이로 공을 튀겨 엉덩이 쪽에서 잡아야 다음 단계로 갈 수가 있는데 그때 치마로 공을 감싸면 손으로 잡는 것보다 훨씬 수월하다. 또 치마를 잡고 그 사이로 공을 넣기도 하고 거꾸로 빼기도 해야 한다. 그래서 치마를 빨리 입고 싶어 하는데 엄마는 내 맘도 모르고 알지도 못하는 영동 할매 핑계로 내 속을 태웠다. 그것도 저학년 때의 일이지 고학년이 되고서는 치마가 없어도 공을 손으로도 잘 잡을 수가 있었다. 치마 달라고 조르지도 않았다.

6학년 신학기가 되었다.

마음은 봄인데 바람은 겨울이다. 학교 뒤에 있는 구덕산 바람은 알아줄 만큼 차다고들 했다. 원래 부산이 바람이 많은 곳이기도 하지만.

엄마의 말처럼 영동 할매가 치맛자락을 신나게 흔드는지 바람이 바짓가랑이 사이로 올라와서 추웠다. 내복도 벗지 못하고 바지를 입고 다니는데 우리 반에 몇 명의 친구들은 치마를 일찍부터 입었다. 친구들의 다리는 까만 양말이 감싸주고 있었다. 나는 그렇게 긴 양말이 있다는 사실도 몰랐고 본 적도 없었지만 매끈한 다리 모양에 주름이 단정하게 잡힌 교복 치마를 입은 친구들은 귀티가 나면서 이뻤다.

훗날 '어디서 그런 스타킹을 구했을까' 했더니 언니가 확실하게 알려주었다. 부평동 구제품 시장에 가면 그런 스타킹을 구할 수 있었단다. 그러고 보니 그 아이들의 엄마들은 우리 엄마와는 다르게 신식 엄마들이었다.

봄 햇살이 화사한 어느 날 점심시간에 우리는 학교 운동장에서 고무줄놀이를 하고 있었다. 두 편으로 나눠서 번갈아 가며 고무줄을 넘는다. 어쩌다 보니 환한 햇살이 우리들을 비췄다. 그때 내 눈에 들어온 햇빛의 마술. 교실에서나 복도에서 보는 친구들의 까만 스타킹의 색깔이 모두 다르게 보였다. 애경이는 까만색, 영애는 짙은 남색, 귀원이는 짙은 녹색 양말이었다. 분명 모두 까만색 스타킹이었는데 햇빛 아래서 각자 다른 색이라니! 수수께끼를 풀었을 때처럼 기분이 출렁거렸다. 그 새로운 느낌을 마구 알리고 싶었다. '얘들아, 어두운 곳에서 보이는 색과 햇빛 아래서 보는 색은 달라. 짙은 남색도 짙은 녹색도 까만색처럼 보이지만 햇빛 아래에서는 까맣게 보이던 것들의 그 속에 있는 진짜 색이 보인다'라고 모두에게 알려주고 싶었다. 햇빛 아래서 본연의 색을 찾은 내가 자랑스러웠다.

훗날 봄 햇빛이 눈부실 때면 혼자 슬쩍 웃는다. 빛 아래 드러난 색을 보며 신기해하고 좋아할 것이 아니라 나도 이른 봄부터 치마를 입을 수 있는 스타킹을 갖고 싶다고 엄마에게 사달라고 졸랐어야 마땅한 일이었다. 그런데 난 그저 햇빛 아래 드러나는 각각 다른 색을 봤다는 사실에 혼자 우쭐거렸다. 그것이 어쩔 수 없는 나라며 지금도 그냥 웃는다.

그날 이후로 봄 햇살 아래 있는 것들을 자세히 들여다보는 습관이 하나 늘었다. 빛에는 미처 보지 못했던 것을 볼 수 있게 만드는 힘이 있었다. 그리고 해마다 봄은 빛이었다.

chapter 1

왜 나였을까?

　버스 정류장에서 차를 기다리는 사람들 속에 서 있다. 어떤 남자가 슬금슬금 내게로 와서 '차비가 없는데 차비 좀 주이소' 백화점 분수대에 사람들이 많이 있다. 쉬기도 하고 누굴 기다리기도 하고 담소를 나누는 사람들 틈에서 친구와 함께 또 다른 친구를 기다리고 있었다. 40대쯤 되어 보이는 여자가 오더니 시외버스를 타야 하는데 차비가 없다면서 돈을 좀 달란다. 조금 많은 액수로.
　친구가 나를 끌고 다른 쪽으로 피한다. 그 아줌마 졸졸 따라오며 차비 좀 달란다.
　요즈음은 보기 힘든 풍경이지만 70년대에는 흔한 일이기도 했다. 그럴 때마다 '왜 나야? 다른 사람들도 있는데…….'

내가 잘 차려입어서 부티가 나는 것도 아니고 인심이 넉넉하게 보이는 푸근한 인상도 아닌데 하필이면 나일까? 하는 생각이 들곤 했다. 내가 좀 꺼벙해 보이나? 어릴 때부터 멍청하다거나 꺼벙하다는 소리보다는 또래보다 작다 보니 똘망똘망이라거나 야무지다는 소리를 들었던 기억은 있다. 4학년 때 담임 선생님께서는 이름 대신 '야무치야'라고 부르시곤 했는데 왜 내가 종종 이런 상황에서 선택되는 것일까?

뒤돌아보면 왜 나였을까? 하는 생각을 종종 하게 만드는 일이 있었다.
중학교 입시 1차 합격자 발표가 있던 날이었다.
해거름에 대문을 밀치고 병숙이가 들어왔다.
"니 걸렸나?"
"아니, 떨어졌어."
"그런데도 넌 아무렇지도 않나?"
무덤덤하게 대답하는 내가 한심하다는 듯한 표정을 남기고 병숙이는 돌아갔다. 난 그냥 일류 이류 그런 것보다는 이미 결정된 일인데 어쩔 것인가 하는 생각을 하고 있었던 것 같다.
"난 니가 떨어질 것이라고는 생각도 못했는데…."
나보다 더 아쉬워하는 담임 선생님 앞에서도 아무런 말도 못 하고 가만 있었다. 선생님께 미안했지만 적절한 단어를 찾지 못했다. 1차에 떨어지면 슬픈 표정을 지어야 하나? 그런 생각을 했던 것 같다.

그리고 3년 후 고등학교 합격자 발표날이었다.

그날도 해거름에 대문을 밀치며 나를 부르는 소리가 있어 마루로 나갔는데 생각지도 못한 영자가 서 있었다.

"어! 영자야."

영자는 6학년 때 반장으로 중학교는 1차에 합격하였기에 초등학교 졸업 후로는 한번도 본 일이 없었다. 3년 만에 우리 집을 찾아온 것이 뜻밖이긴 했지만 한편 반가워서 조금 높고 큰소리로 영자를 불렀다.

"너 일차에 합격했나?"

"응."

"난 떨어졌다."

"니가 떨어졌다고? 아니 왜?"

"몰라."

그리고 영자는 돌아서 나간다. 순식간에 일어난 일이었다. 그 짧은 순간 위로의 말을 찾기도 전에 영자는 대문 밖으로 사라지고 난 신발을 신다가 엉거주춤 서 있었다.

뒤에 들리는 소문에 의하면 도무지 납득이 안 되는 영자 오빠가 사정사정하여 답안지를 봤는데 수학 답안지에 번호를 하나씩 밀려 답을 쓰는 바람에 수학 답지 위에 커다란 X가 그려져 있었단다.

그 후로 영자를 한번도 보지 못했다.

고등학교를 졸업한 다음 해 초여름에 정자가 세상을 떠났다. 정자의 임종 자리에 내가 있었고 소식을 듣고 달려온 친구들 사이에 경란이 있었다. 졸업 후 처음 경란을 만났다. 경란은 직장을 다니고 있었고 몇 달 후 대학 예비고사를 며칠 앞둔 어느 날 갑자기 찾아와 아무래도 대학을 가야겠다며 예비고사 시험장에 따라와 줬으면 좋겠다고 했다.

경란이 시험을 치르는 학교 앞 다방에서 기다렸다. 마침 후배들을 인솔해오신 국어 선생님께서도 그 다방에 오셔서 지난 여고시절 이야기도 나누며 시험이 끝나기를 기다렸다. 아무튼 그날을 계기로 경란과는 절친이 되었는데 간혹 왜 나보다 자주 만나는 친구들을 두고 나더러 동행을 청했을까? 하는 생각이 들기도 했다.

그리고 영자 소식이 궁금해서 여기저기 물어봤지만 소식이 닿지 않았던 영자는 어디서 어떤 모습으로 살까 궁금하다. 초등학교 6학년 봄 소풍날 선생님을 사이에 두고 영자랑 함께 찍었던 사진을 보면서 소탈하고 정이 많았던 영자였기에 어떤 상황에서라도 그 푸근함으로 잘 살고 있을 것이라고 생각하지만 그래도 한번 보고 싶다.

그리고 물어보고 싶다.

왜 나였었어?

chapter 1

엄마는 봄처녀

올해는 봄이 늦다. 추위에 밀려 마당의 매화꽃이 작년에 비해 한 달이나 늦게 피었다. 3월 말이 되어서야 마당에서 쑥 한 줌 캐어 쑥 전을 해먹었다. 쑥 털털이를 해먹으려면 아직도 조금 더 기다려야겠다.

해마다 쑥을 캐면서 엄마 생각을 한다.

어릴 때 우리 집은 산과 들이 멀어서 푸성귀조차도 사먹어야 하니 쑥은 아예 없었다. 예전에 엄마는 어쩌다 친정 나들이를 다녀올 때마다 '쑥이 천지로 있던데'라며 아쉬워하곤 했다.

어느 일요일 아침부터 서둘러 도시락을 챙기더니 나더러 빨리 가자고 재촉을 한다.

"오늘은 오빠가 아니고 엄마가 가는 거야?"

홍진열을 잘못 풀어 몸이 자주 가려워하는 나를 동래 온천장으로 종종 보냈다. 오빠는 싫다는 지청구 없이 도시락을 들고 나를 데리고 느릿느릿 가는 전차를 타고 온천장에서 목욕을 하고 도시락을 먹고 또 느리게 가는 전차를 타고 집에 오면 하루가 저물곤 했는데 그날은 오빠가 아니라 엄마가 함께 간단다.

온천장까지는 아직 몇 정거장이 남았는데 엄마는 내렸고 영문도 모르고 쫄래쫄래 따라갔더니 하천(온천천) 옆 뚝방이었다.

과도랑 보자기 하나 건네주며 쑥을 캐자고 했고 엄마는 날 한번도 챙기지 않고 뚝방에 지천으로 올라온 쑥을 캤다. 나도 보자기를 두겹으로 허리에 두르고 부지런히 쑥을 캤다.

정신없이 쑥을 캔 후 엄마와 함께 도시락을 개천 뚝방에 앉아서 먹었다.

엄마는 이불 보따리만 한 쑥을 머리에 이고 난 베개 두 개쯤 되는 보따리를 이고 다시 전차에 올라 온천장에 갔다. 옷장 위에 쑥 보따리 올려두고 온천을 하고 다시 전차를 타고 집으로 왔다.

몇날 며칠 쑥국에 쑥 털털이 그리고 쑥떡을 먹었던 그 봄날 기억 때문에 나도 매년 쑥 캐는 행사(?)를 치른다.

오월 단옷날이면 엄마는 아버지와 함께 온종일 보이지 않다가 해거름이면 쑥을 잔뜩 캐서 아예 리어커에 싣고 오셨다. 단오 때 쑥의

약성이 최고라면서 바리바리 쑥을 잘라 오신다.

손질한 쑥을 옥상에서 바짝 말리고 마른 쑥잎을 비벼서 솜처럼 만든다.

쑥으로 환을 지어주시기도 했고 쑥뜸기에 급할 때 쑥뜸을 뜨면 좋다면서 한 덩이씩 주시기도 했다. 병원과 먼 시골에서 첫째를 키울 때 그 쑥뜸기로 병원이나 약 대신 유용하게 사용하기도 했다.

아버지 무덤을 찾아갔을 때 무덤 위로 올라온 쑥을 뽑으면서 '아버지 무덤이 틀림없네'라는 막내의 말에 우리 형제들은 동의를 했던 기억이 난다.

아무튼 봄이면 '봄 가시나'를 자청하는 엄마는 아버지와 함께 자주 봄나들이(?)를 하시곤 했다. 봄나들이 뒤에는 엄마는 묵나물을 만들어 주시곤 했다. 봄에 나는 여러 가지 나물을 캐서는 삶아서 말린 묵나물은 1년 양식이 되었다. 물에 불려서 갖은 양념으로 조물조물 밑간을 하고 기름 두른 프라이팬에 볶으면 겨울 반찬으로 제격이었다. 고사리도 많이 말려서 주셨는데 엄궁산에 가면 엄마 고사리밭이 있단다. 해마다 많은 사람들이 고사리를 찾아 산을 헤매는데 희한하게 엄마가 캐는 고사리는 항상 엄마 몫으로 남겨두는 것처럼 그대로 있단다.

어느 봄에 친정에 갔는데 엄마 얼굴이 까맣게 타 있었다.

"엄마 얼굴이 노가다판에 일하러 다니는 사람처럼 탔네."

"내가 요즘 봄 가시나잖아."

"엄마는 그렇다 치고 아버지도 까맣네."

"집에 있으면 뭐 하노. 도시락 싸서 느그 아버지랑 바람도 쐬고 나물도 캐고…."

그건 표면상의 이유였고 진짜 엄마의 이유를 들으면서 '아! 그래, 역시 울 엄마'라고 생각했다.

"한 공간에 어른이 있다는 것만으로도 시집살이지. 어른이 집에 없어야 느그 올케 낮잠이라도 편히 잘 수 있지. 그래서 내가 느그 아버지 데리고 나물 캐러 간다 아이가."

나도 시집살이하는 며느리라 그런 엄마가 정말 고마웠다.

오래전 언니로부터 전해 들었던 이야기가 생각난다. 아침잠이 많은 올케가 일찍 일어나지 못해 엄마가 지은 아침밥을 먹고 오빠가 출근을 하곤 했단다. 언젠가 언니가 친정에 갔다가 그럴 수 있냐고 따지니 엄마는 '늙은이 잠이 없으니 잠 깬 김에 연탄불 문 열고 물 올려놓고 그러다가 물 끓는 소리 들리니 소변 보러 간 김에 쌀 앉혀 놓고 기다리다 보면 밥 되는 거지 뭐'라고 했단다.

얼마 뒤에 갔더니 여전히 아침밥을 하고 있는 엄마가 딸 입장인 언니 눈에는 곱게 보이지 않았던가 보다. 모르긴 해도 딸들에게는 엄격했던 것에 비해 며느리에게 관대한 엄마가 좀 얄미운 생각이 들었을 것 같기도 하다. 엄마가 말 못 하면 나라도(언니가 손위의 시누이였으니까) 한마디 해야겠다고 하자 엄마가 언니를 말리며 나중에 내가 말하면 된다고 했단다. 약간 성질 급한 울 언니가 '언제? 나중에 언제?'라고 다그치니까 엄마가 한 말은 '지금 말하면 두 사람이 기분 나쁘니까 다음에 혼자 들을 때 말하면 되지'라고 했단다. 그때는 올케가 임신 중이었기에 뱃속의 아이까지 기분 나쁘게 하지 않겠다는 깊은 뜻의 말에 언니도 물러설 수밖에 없었단다. 엄마로서가 아니라 인간적으로 엄마가 참 크게 느껴졌다. 인생의 대선배였다.

그리고 세월이 많이 지나 조카들이 뛰어다니는 나이가 되었지만 봄이 오면 엄마는 도시락 싸들고 아버지랑 한나절 자리를 비켜주는 (아버지 데리고 나가주는) 엄마의 '봄 가시나' 놀이는 여전했고 잔잔한 감동이었다. 엄마의 까만 얼굴이 밉지 않았다. 어른답게 늙어가는 부모님의 모습이 아름다웠다.

chapter 1

제비꽃

봄비가 곱게 내린다.

비 오는 날을 무조건 좋아함에도 불구하고 오늘은 마음 한구석이 찜찜하다. 그 찜찜함이 나도 모를 짜증으로 올라온다.

안 되겠다. 빗소리라도 들어야겠다는 마음으로 가장 큰 우산을 펼쳐 들고 마당으로 나간다. 우산 위로 떨어지는 빗소리에 마음을 모으고 귀를 활짝 열어본다. 사그락사그락, 싸락눈 내리는 소리가 난다. 가늘디가는 봄비를 보면서 흩날리는 싸락눈을 느끼며 마당을 걷는다.

노란 민들레꽃 두 송이가 토끼풀 무더기 위로 얼굴만 내밀고 있다. 마치 토끼풀꽃인 양 천연덕스럽게 얼굴을 내밀고 간질거리는 봄비랑

놀고 있다.

하얀 배꽃도 봄비를 매달고 있다. 배나무 아래 흰제비꽃이 여기저기 피어 있다.

내친김에 천천히 들판을 걷는다.

아! 저기 보리밭에 이삭이 서너 개 피었다. 성급한 녀석들이 봄비 소리에 얼굴을 내밀었나 보다. 연두색 보리 이삭과 녹색 보리 잎사귀가 어우러져서 만드는 농담이 다른 푸른 보리밭은 가슴을 뛰게 한다.

6개월쯤 된 아들을 안고 차창에 지나가는 4월 산을 바라보다가 연둣빛에 취해 울었던 그날 '눈이 시리게 아름답다'는 말을 알았다. 신의 아량으로 그림을 잘 그릴 수 있는 쿠폰 한 장을 준다면 나는 4월의 푸르름을 그리고 싶다. 4월은 매일 살아 있음에 감사한다.

빗소리에 제비꽃을 옮겨야겠다는 생각을 한다. 오늘도 내일도 비가 온다니 지금 옮기면 제비꽃이 고생을 덜 하겠다.

배나무 아래 핀 흰제비꽃을 캔다. 이왕 내친김에 며칠 전 산책길에서 봐둔 윤근이네 논둑에 핀 제비꽃도 캤다. 잡초를 빼고 제비꽃을 심는다. 여전히 싸락눈이 뒤꿈치를 들고 사뿐사뿐 걷는 소리를 내지만 우산 위로 떨어지고 빗물은 내 엉덩이를 적신다. 그렇게 한 포기 두 포기 마당을 채워 간다.

제비꽃.

내겐 특별한 꽃이다. 오래전, 힘겨웠던 30대의 나를 버티게 해준

꽃이다.

　내 삶에서 가장 무겁고 답답했던 30대. 살면서 나의 진실이 통하지 않는 사람들이 있다는 것을 처음으로 알았고 그 무리들 속에서 이방인이 되어 있는 자신을 바라보아야 했고 어떻게 빠져나가지도 못하는 나의 무력함을 인정하기엔 아직 나이도 어렸고 가슴이 넓지도 않았던 나이였다. 두 눈을 가진 내가 외눈박이 섬에 유배되어 정상이 비정상이 되는 것 같은 외로움에 힘들던 시간이었다. 그 섬을 빠져나가고 싶었던 날들이 계속 흘러가고 있었다. 그날도 돌아오고 싶지 않은 심정으로 내딛는 무거운 발걸음을 내려다보는데 대문 한 귀퉁이에 피어 있는 제비꽃이 눈에 들어왔다. 주눅이 들어 몸을 최대한 웅크려서 땅에 딱 붙어 있는 것처럼 보였다. 내 모습을 보는 것 같았다. 외출 중에도 그 작은 보랏빛 제비꽃이 머릿속에 남아 서성이고 있었다. 외출에서 돌아오는 길에 대문을 들어서면서 납작 엎드려 있는 제비꽃을 찾는다.

　'나 왔어'라고 말을 건넨다. 그날 이후로 집을 나설 때마다 제비꽃이 날 기다린다는 핑계가 생겼다. 대문을 나설 때마다 제비꽃을 향해 '갔다 올게'라는 약속의 말을 남기고 집으로 돌아와서는 '기다렸지? 고마워'라며 눈을 맞춘다.

　해마다 그 자리를 지키며 다시 피어주는 제비꽃은 무언으로, 때로는 바람에 흔들리는 몸짓으로 나를 반겨주곤 했다.

집 나설 때
뿌리치듯 던져놓은 돌아와야 한다는 마음 한 가닥이
제비꽃으로 피었다
해질녘
대문 안으로 밀어 넣는 무거운 발 앞에
보랏빛 외로움은 바람 되어 맴돌고
기다림으로 줄어든 키 곧추세우며
조용한 미소로 나를 반기는 제비꽃

그렇게 제비꽃의 위로를 받으며 몇 번의 봄을 보내다 보니 아이들은 자라서 유치원에서 배운 노래를 부른다. 나도 따라 부른다.

보랏빛 고운 빛 우리 집 문패꽃
꽃 중에 작은 꽃 앉은뱅이랍니다

다 지나갔다.
40대 초반에 시골로 이사 온 후 들판 곳곳에 피는 제비꽃을 반가움과 고마움으로 바라보면서 중년이 되고 할머니도 되었다.
그러면서 아릿한 마음으로 바라보던 제비꽃은 그냥 반가움으로 소중한 친구를 만나는 마음으로 바라본다.
오늘도 일어나자마자 옮겨 심은 제비꽃에게 문안 인사를 한다. 옮겨온 땅에 뿌리를 잘 내려서 매일 만나자, 해마다 만나자, 미소를 지으며 고맙다고 말한다.

  자세를 낮추고 가만이 앉아 평화로운 마음으로 제비꽃을 바라보며 흥얼거린다.

  꽃 중에 작은 꽃 앉은뱅이랍니다.

chapter 1

4월 나들이

4월은 설렘이다.

눌러도 눌러도 살금살금 떨림이 올라오는 달이다. 6개월 된 첫아들을 안고 달리는 차창으로 스쳐가는 연둣빛에 울컥 눈물이 났던 아주 오래전 4월, 그러고도 마흔 번이나 넘게 만나는 4월이지만 그 감동은 한결같다.

그런 4월에 떠나는 여행은 차에 오르는 것만으로도 마음은 벌써 줄을 끊고 날아가는 풍선 같다.

봄꽃들 사이로 문협 식구들이 걸어간다. 이야기를 나누며 웃기도 하다가 꽃 앞에 모여 사진을 찍기도 한다. 난 조금 떨어져 앞서가는 뒷모습을 찍는다. 어떤 표정일까? 상상하며 뒷모습 찍는 것을 좋아한다. 격렬한 포옹보다는 가만히 감싸주는 백허그를 좋아하는 나의 성향 탓일까?

그렇게 봄꽃이랑 연둣빛 4월을 배경으로 걷고 또 걷는다. 그 걸음 끝에 순천문학관으로 들어서는데 마음이 편안해진다.

소박하고 단아해서 편안한 느낌이다. 정채봉 작가와 걸맞다는 생각이 든다. 정채봉 님의 사진에서 오래된 지인을 만나는 것 같은 반가움과 편안함에 한참을 걸었던 피로가 풀린다.

정채봉

정호승

동화를 쓰면서 촛불처럼 살려고 했습니다
그런데 차가운 겨울바람이 촛불을 훅 꺼버렸습니다
고맙습니다
촛불은 꺼진 뒤에야 꺼지지 않는 촛불이 됩니다

2009. 8. 10

배알도.

이름이 좀 그렇다고 생각했는데 그건 실수였다. 한눈에 들어오는 아름다운 섬이다. 수직의 바위틈에 뿌리를 박고 아래로 늘어뜨린 가지 위로 하얗게 핀 꽃은 4월 신부의 부케 같았다. 갑자기 봄처녀가 되어 가슴이 콩닥거린다.

파도가 수천수만 번 들락거리며 만든 동굴과 창처럼 뚫린 구멍들.

그 구멍 안에 사람들이 놓고 간 작은 돌멩이 탑이 우리가 짐작하지도 못하는 아득히 먼 시간과 현재를 연결하고 있었다.

아기자기한 숲길을 올라 정자를 만나고 시원한 바람을 느끼며 모래톱과 맑은 물을 바라본다. 정자에 나란히 앉은 문협 식구들을 폰 화면을 통해 바라본다. 어쩌다 보니 남자 회원들만 앉았다. 그들 옆에 나무가 있고 뒤쪽으로 하늘과 연둣빛 산이 있고 그 아래 푸른 물 배경이 화면을 채운다. 그림이다. 연둣빛 수채화 속에 문협 식구들이 앉아 있다. 좋다. 참 좋다.

윤동주와 정병욱.

두 사람이 나란히 찍은 사진을 보며 우정이란 것을 생각해본다.

문득 상윤이가 떠오른다.

"약국 한쪽 진열장에 된장 고추장을 진열하는 약사는 너밖에 없을 거다."

"왜? 음식이 최고의 약!"

너스레를 떨던 상윤이가 생각난다. 보고 싶다. 그립다.

많은 이들이 부러워했던 너와의 우정이 있어 늘 든든했고 행복했었다. 마지막으로 남겼던 너의 미소처럼 나도 입꼬리를 올려본다.

"야, 너 하늘에서도 그 짓 하고 있는 건 아니지?"
잠깐 하늘을 바라본다. 4월 연둣빛 어느 쯤에 너도 와 있겠다.

아주아주 오래전에 4월에 취해 있으면서 엉뚱한 상상을 했던 것이 생각난다. 하늘이 생에 한번 화가처럼 그림을 잘 그릴 수 있는 쿠폰을 준다면 나는 4월 연둣빛을 그리고 싶다고 생각했었다. 내가 신이라면 그런 쿠폰을 기꺼운 맘으로 선물할 텐데….

나는 오늘 한 장의 쿠폰을 사용한다. 마음이라는 큰 캔버스에 4월 연둣빛을 그렸다. 투명한 담채화로 그렸다.

chapter 1

화 로

　어릴 적에는 우리 집이란 공동체에서 세상이 시작되는 것 같았다. 특히 딸은 엄마가 방향성의 기준이 되기도 하고 닮아야 하는 모델처럼 생각하기도 한다.
　어릴 때 한복을 많이 입던 시절이었다. 엄마는 여름이면 곱게 손질한 모시 한복을 즐겨 입었다. 그냥 흰색 모시로 한번 입고 다음에는 치차 물을 들여서 입고 또 때로는 수성 염색으로 옥색 치마저고리로 입었다. 고름이 없는 모시 한복을 입을 때 마지막으로 옥 브로치를 달면 모시 한복이 훨씬 기품이 있어 보였다. 그래서 다음에 내게 달라고 했던 적이 있다.
　명절이나 제사가 있으면 불꽃이 활활 춤추는 연탄불 위에 큰 가마솥 뚜껑을 뒤집어 올린다. 기름을 두르고 갖가지 부침개를 만드는데 프라이팬과는 상대가 안 되게 많은 부침개가 수월하게 만들어진다. 부뚜막에 앉아 금방금방 나오는 부침개를 집어 먹으면서 나 시집갈 때 큰 가마솥 뚜껑 사줘야 한다고 했었다.

시간은 삶의 형태도, 관심사도 달라지게 만드는 힘이 있다. 막상 결혼할 즈음엔 뭐 그런 것들 생각나지도 않았다.

어릴 때부터 우리 집에는 놋쇠 화로와 대나무가 그려져 있는 사기(도자기) 화로가 있었다. 저녁에 군불을 때고 삽에 숯을 담아와서 놋쇠 화로와 사기 화로에 옮겨 담았다. 놋쇠 화로는 큰방에 사기 화로는 작은방에 두면 문풍지 사이로 들어오는 외풍을 막아 주었다. 때로는 밤이나 고구마가, 어떤 때는 가래떡이 올려지기도 했다. 해마다 겨울을 함께하던 화로는 보일러라는 난방 구조가 바뀌면서 다락 한 구석에서 없는 듯이 있었다. 언제부터인가 나는 다음에 그 사기 화로에 꽃을 가득 꽂으면 좋겠다는 생각을 했다.

결혼하면서 나는 그 화로를 가지고 왔다. 그런데 상상과는 달리 그곳에 꽃을 가득 꽂는다는 것이 그리 쉬운 일이 아니었다. 꽃병과는 달리 입구가 넓어 몇십 송이의 꽃으로는 어림도 없는 일이었다. 최소한 몇백 송이는 있어야 했다.

한번도 가득이란 엄두도 못 내면서도 미련이 남아 이사 갈 때마다 조심스럽게 데리고 다녔다. 몇백 송이의 꽃을 돈으로 사기에는 허영이고 사치였다. 마당에 잔뜩 핀 꽃이라면 모르겠지만.

고성으로 이사 올 때 마당에 있던 꽃들의 뿌리도 함께 가지고 왔다. 마당 앞에 수선화를 심고 해마다 구근을 늘여가기 시작했다.

몇 년이 지나면서 늘어난 구근으로 봄이면 수선화가 제법 많이 피었다.

멀리서도 노란색 무더기로 보였다. 그래도 계속 늘였다.

구근을 늘이기 위해 꽃이 피면 끝까지 보기 전에 꽃들을 꺾었다. 아까웠다. 수선화꽃 배달을 다녔다. 우리 동네는 물론 읍에 나갈 때도 여기저기 나눴다. 해가 거듭하면서 수선화는 몇백 송이가 되었다. 어느 날 꽃 배달을 가기 전에 사기 화로에 먼저 꽂기로 했다. 수선화를 한 아름 안고 들어오는데 두근거렸다. 몇백 송이의 수선화라니! 세월까지 더해 노리끼리하게 변한 화로에 성큼성큼 그려져 있는 대나무마저 생기를 띠는 것 같았다. 마루에 한 아름 수선화 꽃을 늘어놓고 듬뿍듬뿍 한 묶음씩 꽂기를 몇 번 하고서야 화로 입구가 보이지 않으면서 노란 무더기 수선화로 가득했다.

폰으로 찍어서 카카오스토리에 올렸다. 감탄사와 함께 친구들의 댓글이 올라왔다. 시골살이가 아니면 할 수 없는 일이라고 답해줬다. 그냥 배가 불렀다. 소원성취했다. 시골살이의 보너스였다.

난 종종 제자리에 대한 생각을 한다. 사물이든 사람이든 편안하고 소중하고 효율적이고 제값을 낭비하지 않고 빛날 수 있는 곳이 제자리가 아닐까? 요즘 제자리로 보내는 작업을 한다. 선물 받았던 다기들 필요한 지인들에게 주고 달마 스님이 그려진 둥근 접시는 마루에 두고 달마 스님이 그려진 큰 항아리는 절에 갖다 드렸다.

생활용품도 최소한으로 두고 필요한 사람과 나눴다. 이제 사기 화로도 우리 집보다 어울리는 제자리가 있으면 보내야겠다는 생각을 한다.

은영이와 외선이가 왔다. 은영의 취향에 어울리는 가마랑으로 데려갔다. 오래전에 경치가 맘에 들어 하이면 덕명으로 온 부부의 노력으로 만들어진 옹기 박물관으로 갔다. 우연히 땅을 구입하고 정리하다 보니 옹기 가마가 나왔고 옹기 가마의 역사적인 중요성을 지키고자 사비로 수집한 팔도의 옹기를 관리하고 있는 곳이다. 난 그 부부를 존경한다. 그들의 열정과 진심을 많은 사람들에게 알리고 공감을 얻어내고 싶어서 지인들이 오면 데리고 가는 곳이다. 사장님께서 친구들에게 열심히 설명을 해주신다. 생활용품이 가지고 있는 조상들의 지혜에 대해 설명하시면 은영이와 외선이가 감탄을 하며 듣는다. 옹기 요강을 설명한다. 그때 오래전 엄마가 쓰던 옹기 요강이 우리 집에도 있는 것이 생각났다. 깨어져 없어지기 전에 이곳으로 가져와야겠다는 생각과 동시에 사기 화로도 이곳이 제자리가 되겠다는 생각이 들었다. 며칠 후 옹기 요강이랑 옹기 탕약기와 함께 사기 화로를 그곳으로 옮겼다. 날 찾아오는 지인들을 데리고 가면 이것저것 설명하시다가 재연 씨가 기증(부끄럽게 기증이라니)한 것이라며 설명을 하신다. 받아주셔서 고마울 뿐인데.

수십 년 함께 다니던 화로는 나를 떠나서 제자리를 찾아갔다. 화로에 묻어 있는 어린 날의 추억은 그대로 마음속에 있고 화로는 더 좋은 자리에서 오래도록 머물 수 있을 테니 안심되고 고마운 일이다.

chapter 1

엄마의 강

아침 해가 빨리 올라오는 계절이어서인지 출발이 여유 있게 느껴진다. 버스가 출발하자 금방 녹색들이 줄지어 차창을 스친다. 녹색은 언제 봐도 좋다. 마음이 편안해진다. 그 녹색들 사이로 아카시아꽃도 지나간다.

창을 열지 않았는데도 아카시아향이 나는 듯하다. 아카시아꽃이 필 때 하늘로 간 오빠 얼굴도 함께 지나간다. 나도 모르게 뜸뿍뜸뿍 뜸북새 논에서 울고… 〈오빠 생각〉이란 동요를 흥얼거린다.

앞에서부터 한마디씩 하란다. 재숙이는 나이를 먹으니 꽃보다 녹색 잎이 마음을 더 사로잡는다고 이야기를 한다. 여기저기서 녹색에 대해 공감하는 이야기로 이어지고 있다.

8개월 된 큰아들을 안고 차창을 스치는 봄산을 보다가 연두색 새싹에 압도되어 그만 울어버렸던 날이 훅 끼어든다. 왜 그랬을까? 연두색에서 생명력 같은 에너지가 날 흔들었던 것이었다. 그건 색이 아니라 빛이었다. 그 눈물로 어설프지만 나는 새내기 엄마가 되었나 보다고 종종 생각한다. 그날 이후로 난 연두색이란 말 대신 연둣빛이라고 부른다. 그런저런 생각과 〈오빠 생각〉 동요를 흥얼거리고 있는데 마이크가 왔다. 갑자기 뭔 말을 할까 하다가 '아카시아 꽃잎이 바람에 날리니 고향에도 지금쯤 뻐국새 울겠지'라고 동요로 답했다.

아카시아꽃을 뒤로 보내다 보니 박범신 문학관에 도착했다.

한눈에 들어오는 풍경이 너무 평화롭다. 작은 동산에서 내려다보는 풍경은 아름답기도 하거니와 편안했다. 경상도와는 다르게 불쑥 솟은 산이 아니라 야트막한 산으로 둘러 있어 아늑했다.

옛날엔 바로 앞까지 배가 들어왔다는 강경포구의 포근함 때문인지 엄마가 생각났다.

50년대 후반 나는 아버지 공사 현장인 합천읍에 2년 정도 살았다. 아직 취학 전이라 부산 집에 둘 수 없어 두 살 아래 동생과 함께 부모님과 있었다. 전쟁 후라 여기저기 복구사업이 많았고 토건업을 하시던 아버지께서는 지방 공사 현장으로 옮겨다니시곤 했다.

국토 건설이라는 대명분 아래 여기저기서 복구사업들을 했는데 그 당시 노임의 반은 현금, 반은 물품으로 지급되었단다. 그 당시 물품으로 광목이 나왔다. 현장 일꾼들 끼니 사이에 합천강으로 빨래를 하러 가는 엄마 뒤를 졸졸 따라갔다. 양잿물에 삶은 광목을 방망이로 두드리고 강물에 씻어 모래사장에 광목을 길게 펼치고 돌멩이로 군데군데 누른 후 햇빛을 쪼였다. 다른 빨래가 다 끝나도 돌아오지 않고 강가 그늘에 한참을 앉았다가 광목이 뽀얗게 마르면 걷어왔다. 난 그냥 광목을 말리는 일인 줄 알았는데 나중에 광목을 하얗게 바래는 일이란 걸 알았다. 그때 강변 모래사장에 길게 늘어놓은 광목이 또 하나의 강처럼 보였다. 엄마의 강 같았다. 그 인상이 마음에 또렷이 남아 강을 보면 엄마가 연상되면서 나른하게 편안해진다. 오늘도 강경포구로 들어오는 들판 사이의 물길이 엄마의 강처럼 보여서 평화롭다.

박범신 문학관에서도 김홍신 문학관에서도 나는 작아진다. 시도 수필도 아닌 소설을 그렇게 많이 창작할 수 있었다는 것이 나와는 다른 세상의 사람처럼 아득하게 느껴진다. 그들의 시간이 우리들의 시간보다 몇 곱절이 되는 것도 아닌데.
대단하다. 존경스럽다는 말조차 못 할 만큼 부끄럽기만 하다.
그러다가 '어쩌냐. 넌 그냥 살던 대로 살아라'라고 자신에게 말하며 혼자 웃는다.

관촉사를 향해 간다. 산길로 접어들기에 다 왔나 하는 생각을 하는데 잘못 왔단다. 차를 돌리기에도 힘든 산길이라 버스는 조심조심 뒷

걸음질을 한다. 오늘 버스가 종종 뒷걸음을 친다. 충청도 쪽으로 잘 다니지 않는 기사님인가 보다. 기사님은 애가 타시겠지만 난 그것도 좋다. 때로는 돌아가기도 해야 하는 일상의 모습 같다. 그동안 많은 것을 보여주고 싶은 임원진 덕분에 문학기행이 좀 빡빡하다는 생각이 들 때도 있었는데 오늘은 일정이 좀 느슨한 것 같아서 좋다. 가다가 쉬다가 때로는 생략도 하는 여행을 좋아하기에 오늘 문학기행이 참 좋다. 나지막한 산들이 아기자기하게 보이기도 하고 살랑살랑 걸어서도 넘어갈 수 있을 것 같은 산들이 편안하게 보이는 충청도 풍경을 새롭게 느꼈던 문학기행이었다.

chapter 2

비 오는 날

chapter 2

사진 속으로

둘 다 웃는 꼴은 똑같이 생겨 먹어 가지고….

이빨 한번 백만 불짜리다.

모래사장 위에 다리를 가지런히 옆으로 하고 앉은 내 어깨를 짚고 선 향자 언니와 내가 환하게 웃고 있는 흑백 사진 뒷면에 적힌 글을 볼 때마다 슬며시 그 사진 속 웃는 꼴처럼 미소를 짓는다. 그땐 덧니가 있었지.

복학생이 '재연 씨 웃을 때 드러나는 덧니가 유격 훈련 도중에 뚜껑을 밀고 올라온 흰쌀밥 같다'고 했던 기억이 난다.

향자 언니는 사진 동아리 한 해 위 선배다. 사진에 푹 빠진 언니는 영문과 2학년을 마치고 사진학과 있는 전문대학으로 편입을 했다. 졸업을 했지만 그래도 사진에 대한 갈증이 해소되지 않았는지 일본으로 유학을 갔다. 드문 일이었다. 사진학 유학도 드문 일인데 여학생은 더더욱 그랬다. 그만큼 언니는 사진에 열정적이었다.

언니와는 겨우 일 년, 그것도 동아리에서의 일 년간의 만남이었으니 짧기도 하고 횟수도 그리 많은 것도 아니었다. 그럼에도 불구하고 날 잘 챙겨주기도 했고 나도 언니를 잘 따랐다. 일본으로 유학을 떠난 후에는 편지 쓰기 좋아하는 내가 종종 편지를 보내며 지냈다.

방학이 되어 한국으로 나온 언니와 둘이서 캠핑을 갔다. 우리 동아리 사람들이 종종 가는 진하 해수욕장 인철이 집 아랫방에 민박을 했다.

한더위가 끝나고 가을이 잠깐씩 엿보이는 8월 말의 바닷가는 한산했다.

북적이던 피서객이 떠난 해변이 주는 느낌은 좀 특이하다. 빈 해변은 밀물은 없고 썰물만 있는 것처럼 왠지 서운함이 여기저기 널려 있었고 파도 소리는 청아한데 외로움이 묻어 있다. 어느새 습기가 빠진 가슬한 바람결에는 북적이던 바다를 그리워하는 것 같은 쓸쓸함이 묻어 있다. 공연이 끝나고 관객이 빠져나간 뒤의 무대 같은 느낌. 내가 느끼는 늦은 여름 바다는 그랬다. 피서객이 떠난 늦여름 바닷가가 매력적이라고 말하는 사람들도 그런 느낌이 색다르게 느껴져서 그런가? 언니와 진하 해수욕장을 찾았을 때도 그랬다.

민박집 인철이는 우리를 무척 반긴다.

어느 날 아침에 인철이가 우리더러 내기 민화투를 치자고 했다. 그 날 저녁 해변에 가설무대가 들어오고 영화를 상영한단다.

향자 언니가 내게 눈짓을 했다. 우리가 이기면 안 된다고. 그리하여 우린 확실하게 졌고 인철이는 으쓱하니 기분이 좋았다.

저녁이 되자 의기양양한 인철이는 어디서 구했는지 빈 쌀가마니를 둘둘 말아 옆구리에 끼고서 앞장을 섰다. 모래사장에 가마니를 펼치더니 다리를 최대한 뻗어서 자리를 넓게 잡아야 한다고 이른다. 영화를 보다가 나중에 앉은 자세가 힘들면 누워서 봐야 하니까 미리 자리를 넓게 확보해야 한다고 말하는 인철이는 우리들의 보호자였다. 그 때 우리의 보디가드 인철이는 초등학교 6학년이었다.

천으로 만든 화면에 비치는 배우들의 얼굴이 흐릿했다. 그나마 바람이 불면 화면이 출렁거렸지만 아이들은 물론 어른들도 장화홍련전에 푹 빠져 있었다. 영화가 반 이상 지날 때쯤 갑자기 시원한 바닷바람이 불어 뭔가 허전하여 둘러보니 공짜 손님 못 들어오게 빙 둘렀던 울타리 천막이 사라졌다. 왠지 인심이 후하게 느껴졌다. 인철이 말처럼 반쯤 누워서 영화를 보는 할머니도 보였다.

시작할 때 화면을 묶었던 왼쪽 긴 막대기 위에 있던 그믐달이 영화가 끝날 때는 오른쪽 화면 막대기 위로 이사를 와 있었다. 바닷가 소나무들 사이로 들락날락하는 그믐달을 보며 돌아오는 길은 동화 속 풍경 같았다.

"네 손에 쥔 조개 맛은 어떠했느뇨?"

인철이네 아랫방에서 조개를 먹고 있는 사진 뒤에 적힌 글이다.

참으로 한가한 시간들이었다. 한낮에 사람 없는 해변을 걷다가 바닷물이 허리춤까지 찰 만큼 들어가서 우린 트위스트를 추듯이 몸을 흔든다. 발가락 사이로 모래가 쓸려나가고 이내 모시조개의 딱딱한 껍질이 발바닥에 신호를 보낸다. 허리 굽혀 모시조개를 집어 올리고 다시 몸을 흔들어 줍고 또 흔들고….

모시조개 삶아 점심으로 먹고 썰물에 물 위로 드러난 모래톱 길을 따라 작은 섬에 올라 나무 그늘에 누워서 하늘을 본다.

그리고 언니가 일본에 있어서 잘 모르는 〈아침 이슬〉과 〈사노라면〉이란 노래를 가르쳐준다. 언니 일본 생활 힘들 때 불러보라면서.

"사노라면 언젠가는 좋은 날이 오겠지…. 새파랗게 젊다는 게 한 밑천인데… 또박또박 정성스레 적어 준 노래 가사 오늘 또 신나게 보고 불렀지(옆방 사람이 돼지 멱 따는 줄 알고 달려왔구나)"

하늘을 보며 넓은 바위 위에 나란히 누워 노래 부르며 찍은 사진 뒤에 노래 가사와 함께 적힌 '돼지 멱 따는'이란 글귀에 소리 내어 웃었다.

방학을 마치고 일본으로 돌아간 언니는 우리가 함께 찍은 사진을 인화해서 항공편지 봉투 속에 넣어 보내왔는데 사진 뒷면에 그날의 잔상들을 적어두었다.

큰 바위에 기대어 찍은 사진 뒤에는 "이야기 열매를 주렁주렁 달아 놓고 온 그곳!"이라고 적혀 있다. 그리고 "일본 사람들이 우리 사진을 보고 미인이라고 해서 웃었다"라는 말도 함께 적어 보냈다.

작은 섬 대나무 숲길 돌멩이 위에 카메라를 올리고 내 뒤로 후다닥 뛰어와서 함께 찍은 사진 뒤에는 "야~~~~~!!"라고 적혀 있다.

그날 사진 뒤에 적어둔 "야~~~~~!!"에게 55년이 지난 지금에도 여전하게 "야~~~~~!!" 메아리로 대답한다.

언젠가 방학 때 나와서 사진부 선후배들이 한잔하는 자리에서 사진 이야기들을 하다가 언니가 너무 태연하게 말했다.

"재연이 누드모델로 딱인데."

우린 아무런 말도 안 했다. 아니 못 했다. 조금은 놀라면서 역시 일본에서 사진 전공하는 사람은 다르다는 생각은 했을지도 모르겠다. 그리고 나는 속으로 나처럼 가슴이 빈약한 사람이 누드모델이라니 하고 고개를 흔들었다. 그런데 훗날 미대에 진학한 은숙이가 누드모델 수업 이야기를 할 때 그 당시 사진 누드모델 쓸려면 힘들었을 텐데 언니 모델 해줄 것을 하는 후회를 잠깐 했다.

"언니 이번에 수필집을 내려는데 프로필 사진 언니가 찍어줘."

"언제라도 오케이."

이번엔 언니가 찍어 준 사진 아래 '촬영 임향자'라고 적어야겠다.

"홍차를 마시면서 네 스타일을 감상하던 차에 아차 잘못, 그만 쏟

아버렸구나. 용서해라."

　아무도 없는 해변을 걸어가고 있는 내 뒷모습이 찍힌 사진 뒷면에 홍차로 물든 갈색은 지금도 여전하다. 왼손에 샌들 오른손엔 커다란 타월이 바람에 날리고 있다. 아, 그 바람 지금도 생생하게 느껴진다. 여름을 밀어내는 가슬가슬한 아쉬움이 묻어 있었던 바람결.
　사진 속으로 훅 빨려든다. 미소가 번지면서 평화롭다.

　글을 쓰다 보니 내가 사람들의 뒷모습 찍기를 좋아하는 이유를 알 것도 같다. 초등학생이었던 인철이도 환갑을 지냈겠다. 지금도 사진계를 이끌어가는 노장의 언니 모습이 자랑스럽다. 모든 것이 시간 따라 낡고 흐릿해지는 가운데서도 그날의 사진을 떠올리면 타임머신을 타고 바로 사진 속으로 돌아간다. 20대의 풋풋함이 밀려온다. 가슴이 뛴다. 정말 좋다.
　그 여름의 끝자락은 팔팔한 20대 초반에 어울리지 않는 유유자적한 날들이었다. 언제라도 풍덩 빠질 수 있는 여백의 시공간이 오래전 흑백사진 속에 있다.

chapter 2

선 물

살면서 크고 작은 선물을 주기도 하고 받기도 한다.

내 기억 속에 이쁘게 남아 있는 선물은 규숙으로부터 받은 것이다. 그것도 두 번씩이나.

"언니 다음 부산 올 때 연락 주이소. 꼭 나를 만나고 가이소."

얼마 후 어느 봄날 남포동에 있는 익숙한 찻집에서 규숙이를 만났다. 이런저런 이야기를 나누고 헤어질 때 비닐봉투를 하나 내민다.

"언니 좋은 것은 아니지만 임신복 하나 샀어예."

난 임신복 같은 것 생각지도 못했다. 아직 배가 부르지 않아서이기도 하지만 결혼하자마자 태풍에 카네이션 농장이 물에 잠기면서 실농하여 진 빚으로 정신이 없었다.

푸른색 바탕에 잔잔한 꽃무늬가 있는 품 넉넉한 여름 원피스였다. 예쁘다는 내 말에 여름쯤 되어야 언니 배가 불러질 것을 계산해서 여름 원피스를 샀단다.

생각지도 못한, 그리고 꼭 필요한 것을 미리 준비해서 주는 규숙이의 맘이 너무 이쁘고 감동이었다. 김해로 돌아가는 버스 속에서 임신복을 자꾸 만지작거렸다.

나보다 어린 후배가 미리 헤아리는 규숙의 속 깊음에 고맙고 미안했다. 큰 살림 사는 엄마의 넉넉함을 보고 살아서 규숙이도 나이보다 어른스러운가 보다는 생각을 했다.

덕분에 볼록해진 배를 이쁘게 포장한 그 가리개 속에서 아이도 잘 자라 튼튼하게 태어났다.

한참의 시간이 흘렀다. 현실에 밀려 정신없이 살다가 둘째를 낳고 며칠 지난 아침이었다.

"언니 집 앞인데 잠깐만 나오이소."

규숙의 손에 무게가 느껴지는 비닐봉투가 들려 있었다.

"언니 이거 싱싱한 생선이다. 이거 넣고 미역국 끓여 잡수이소."

비닐봉투가 꿈틀거린다. 비닐 봉투를 열어보니 생선이 살아서 움직인다. 커다란 놈 두 마리다.

"언니 찬 바람 쐬면 안 좋다. 빨리 들어가이소."

비닐 봉투만 전하고 들어가라며 손짓하며 돌아선다. 감동이다. 아직 결혼도 안 한 후배가 언니처럼 나를 챙긴다. 아직도 생선이 꿈틀거리는 것으로 봐서는 새벽부터 자갈치 시장까지 갔나 보다는 생각에 미치자 말문이 막힌다. 원래 감동이 크면 언뜻 말이 나오지 못하는 것이다.

저만치 멀어지는 규숙이의 뒷꼭지에다 "고마워. 잘 먹을게"라고 말했다.

난 그 두 번의 선물을 잊지 못한다. 꺼내 볼 때마다 가슴이 따스하다.

오늘 부쩍 규숙이 생각이 난다.

공룡박물관에 판매하러 왔는데 끊임없이 들어오는 연둣빛 같은 아이들을 보는 것이 즐겁다.

엄마 아빠 손을 잡고 들어오다가 공룡 구조물을 보는 순간 엄마 아빠 손을 뿌리치고 '공룡이다' 소리지른다. 이제 막 걸음마를 하는 녀석들까지도 뒤뚱거리며 달려간다.

아이가 넘어질까 바로 뒤따라가는 젊은 엄마 아빠들, 보기 좋다.

노인들만 남은 시골에서는 아이 울음소리, 웃음소리 끊어진 지가 꽤 되었다. 그러다 보니 이 꼬물꼬물한 아이들 종일 봐도 새롭고 신선하여 지겹지 않다.

또 있다. 아이를 어깨 위에 태우고 가는 아빠들도 보기 좋고 둥근 배를 앞세우고 가는 임신부는 더더욱 이쁘다. 아니 고맙다는 생각마저 드니 나도 어쩔 수 없는 할머니인가 보다.

아장아장 걷는 아이, 유모차를 타고 가는 아이, 뭐라고 재잘거리며 가는 아이, 머리를 이쁘게 묶은 아이, 엘사 원피스를 치렁치렁 끌고 오는 아이, 동생 손을 잡고 오는 아이, 밤송이 머리를 한 남자아이, 분수대에서 놀았는지 물을 줄줄 흘리며 오는 개구쟁이….

그 누구 하나도 이쁘지 않은 아이가 없다. 아무리 봐도 이쁘지 않은 아이는 없다. 꽃이 이보다 이쁠까? 뭐라고 해도 사람꽃이 제일 이쁜 것 같다.

아이들 사이에 불룩한 배를 앞세우고 걸어오는 임신부를 애정 어린 눈으로 바라본다.

임신부는 아니라고 하겠지만(나 역시 그때는 불룩한 배를 민망스럽게 생각했다) 먼 훗날 알게 될 것이다. 생명을 품고 있는 것이 얼마나 아름다운 일인가를. 임신부의 배를 보면서 그 안에서 자랄 아이에게도 축복을 보낸다.

많은 임신부가 지나가지만 같은 임신복은 하나도 없다. 오래전 잔잔한 꽃무늬가 있는 까실까실한 원피스를 떠올려본다. 웃으면 눈이 감기어 실눈이 되고 웃음소리에 콧소리가 약간 섞여 있는 규숙이가 떠오른다.

소나기 지나고 얼핏 무지개가 피더니 하늘 가득 뭉게구름들이 흘러간다. 하얀 뭉게구름 안에 작은 구름이 싸여 함께 지나간다. 종일 임신부들을 보면서 고맙고 아름답다고 생각해서일까? 그 모양이 엄마 뱃속의 아이처럼 보여서 혼자 웃는다. 생명보다 더 좋은 선물이 있을까?

chapter 2

비 오는 날

나는 비를 좋아한다.
 아니 비가 오려고 하늘이 잔뜩 흐려질 때부터 좋아한다. 짙은 구름이 내려앉으면 천장도 없던 방에 나지막한 천장이 생긴 것처럼 아늑한 느낌이 들었다.
 그리고 비가 내리면 뒤따라 오는소리들 - 빗방울 소리, 낙숫물 소리, 도랑물 내려가는 소리, 물을 튀기며 지나가는 차 바퀴 소리 - 듣는 것도 즐거웠다. 아스팔트 위로 흐르는 빗물을 맨발로 잘박잘박 걷는 것도 재미있었다. 줄기차게 바지만 입다가 비 오는 날이면 치마를 입는다. 친구들은 그런 나를 보고 맑은 날에 치마 좀 입어보란다. 폭이 좁은 스커트에 종아리는 내어놓고 맨발로 샌들을 신었다. 그리곤

길 위에 고인 물도 피하지 않고 첨벙첨벙 걷고 그러다가 추녀 끝에 떨어지는 낙숫물에 발을 헹군다. 그러기엔 샌들이 참 편리하다. 그 작은 행위가 비 오는 날에 즐길 수 있는 보너스였다.

아이들을 키울 때도 비 오는 날에는 '태권도 학원을 갈 때 고인 물 조심조심 피하지 않아도 되고 옷도 흠뻑 적셔와도 된다'며 슬리퍼를 신고 가라고 했다. 비 오는 날에는 맑은 날에 할 수 없는 일들을 할 수 있다는 것이 약간의 해방감처럼 느껴졌다.

그건 어릴 적에 엄마가 준 선물이기도 하다.

비가 내리기 시작하면 마당 추녀 아래 커다란 다라이들이 줄을 선다. 비가 그치면 우린 그 물통에 들어가 물놀이를 한다. 실컷 놀고 나오면 물에 젖은 옷을 엄마가 몽땅 가져다가 빨래를 한다.

"엄마 우물이 있는데 왜 빗물에다 빨래를 해?"

"우물보다는 빗물에 빨래를 하면 훨씬 깨끗하게 씻어진다."

엄마는 신문지를 들고 와서 습기로 때가 불어 있을 때 청소를 하면 힘들지 않다면서 유리 청소를 하란다. 천으로 안 닦고 왜 신문지냐고 물었더니 신문지에는 기름이 있어 물로 지워지지 않는 묵은 때도 닦아낸단다. 잘 모르지만 엄마가 우리보다는 많이 아시니까 시키는 대로 창문을 닦았다. 한바탕 물놀이를 한 끝이라 마음이 넉넉해서인지 창문 청소가 놀이처럼 즐거웠다.

어느 여름 태풍이 오는 날이었다. 심한 비바람에 천장에 얼룩이 지더니 무게를 못 이기고 물방울이 뚝뚝 떨어진다. 작은 그릇들을 놓고 똑똑 떨어지는 물방울을 보고 있었다. 한 곳도 아니고 몇 곳으로 늘어나니 물그릇이 늘어나고 우린 그 물그릇을 피해서 앉아 있었다.

저녁에 집으로 오신 아버지께서 '기와집은 비바람이 많이 불면 기와 방향과 거꾸로 물이 스며 들어 천장에 물이 샌다'고 설명해주셨다. 그러더니 아버지께서는 성냥개비와 실을 들고 오셨다. 화약이 있는 곳을 잘라버리고 우리들이 전화 놀이할 때처럼 성냥개비 허리에 실을 몇 번 감아 묶었다. 그리곤 빗물로 불룩해진 곳에 작은 구멍을 내고 실로 묶은 성냥개비를 밀어 넣었다. 다른 곳도 똑같은 방법으로 성냥개비를 넣고 손으로 실을 살금살금 문질러 고인 물을 유인하셨다. 그리고 여러 곳에 늘어져 있던 실들을 중간에서 만나게 합쳐서 실을 서로 꼬아서 한 개로 만들었다. 물이 천천히 내려와 한곳에서 만나더니 금방 많아진 물이 빠르게 실을 타고 내려왔다. 개울이 모여 강이 되는 것처럼 한곳으로 물이 모여서 내려왔다. 여러 개의 물그릇도 치우고 방 한구석에 물그릇 하나만 남기니 모두가 누울 공간이 생겼다.

아버지가 크게 보였다. 물놀이를 실컷 하게 해준 엄마도 그렇고 우리가 알지도 못한 방법을 가르쳐준 아버지도 새롭게 보이는 날이었다.

장맛비가 내리던 날 학교에서 돌아와 대문을 밀고 들어섰는데 아버지 러닝이 비를 맞으며 빨랫줄에 매달려 있다. 그것은 이미 오래전에 씻어서 서랍 속에 있던 러닝이었다.

"엄마 빨래 안 걷어?"

"일부러 널었다. 빨았어도 서랍 속에서 누렇게 변해 있어 비 좀 맞으라고 널었다."

"왜?"

"비를 맞으면 빨래가 희게 된다."

나는 그때 잘 몰랐다. 훗날 자연 시간에 선생님이 말씀하시는 센물과 단물에서 '아! 그랬구나' 알아차렸다. 장대비를 맞으며 빨랫줄에 걸려 있던 아버지의 러닝이 하얗게 된다니 기분 좋은 일이다. 살면서 고정관념에서 조금 자유로워질 때마다 빗물을 줄줄 흘리던 아버지의 러닝이 떠오른다.

비가 시작하는 날이면 대야에 비눗물을 만들어 마당으로 나가 차에 비누칠을 한다. 그리고 슬쩍 비눗물을 헹구고 나머지는 빗물에 맡긴다. 그러면 자동으로 빗물이 비눗물을 씻어 준다.

내가 비 오는 날에 세차를 한다고 했더니 은경이가 "비 오는 날 세차를 하면 되겠다는 생각은 해 봤지만 실천해 보지는 않았는데 진짜 그렇게 하네요"라고 말했다.

게으른 내가 대청소를 하는 날도 비 오는 날이다.

습기에 때가 불어서 잘 닦인다고 알려 준 엄마의 말을 떠올리며 열심히 걸레질을 한다. '아이고 게으른 것아. 그동안 미뤄뒀다가 날 받아 청소한다고 용쓰네' 라는 엄마의 지청구가 들리는 듯해서 슬며시 웃는다.

이제 곧 장마철이 된다. 비 오는 날 신을 신발을 하나 장만해야겠다. 이제는 어른이라고 맨발로 다닐 수 없으니 물에 자유로운 발을 사야겠다. 쿠팡을 뒤진다. 요즘은 물속에 들어가도 좋은 재질의 신발들이 많아 참 좋다. 아쿠아 젤리 신발을 하나 샀다. 기대 이상으로 이쁘다. 마치 구두 같다. 그리고 무릎까지만 오는 반바지도 하나 샀다. 괜히 비가 기다려진다. 마치 새 신발 장만하고 등교를 기다리는 아이 같다. 기다리는 비가 온다. 얇은 구두처럼 보이는 신을 신고 종아리에 묻을 빗물을 닦을 수건 하나 비닐봉지에 넣고 기분 좋게 외출을 한다. 발이 젖어도 상관없고 빗물이 조금 튀어도 괜찮다. 비 오는 날에는 혼자서도 잘 놀 수 있으니까.

비가 와서인지 차들도 듬성듬성 다닌다. 읍내를 벗어나고 부포 고개를 지나니까 차가 아예 없다. 천천히 몰면서 예전에 비가 오면 '비의 나그네'를 잘 부르던 귀순이를 생각하며 노래를 부른다. 비가 오면 라디오에서 단골로 나오던 비 노래들도 연이어 부른다. 좋다. 세월이 흘러 할머니가 되었어도 여전히 비 오는 날이 좋다.

내일이면 비 그친 뒤의 푸른 하늘과 맑은 바람을 만나겠지. 비를 맞고 있던 하얗게 된 아버지의 러닝도 잘 마르겠다.

chapter 2

그레이하운드

 20대 때 혼자 있고 싶을 때면 116번 시내버스를 탔다. 우리 동네 (서대신동)에서 구포까지 가는 시내버스는 구간이 길었다. 종점에서 버스를 타고 맨 뒷자리에 앉아 종점인 구포에 내려서 구포다리(1km)를 좀 걷다가 다시 돌아오면 반나절을 쉽게 보낼 수 있었다. 회수권 두 장으로 자연스럽고 안전하게 시간을 보내는 나만의 방법이었다.

 그런 의미로 내 가방 속에는 홍익회에서 발간하는 열차 시간표 책이 늘 있었다. 그 책에는 전국의 열차 시간과 요금은 물론 고속버스 시간표와 요금들까지 적혀 있었다. 동절기와 하절기에 열차 시간이 바뀌면 개정판이 나왔고 그때마다 개정판으로 바꿔서 가방 속에 넣고 다녔다.

부산에는 경부선과 동해남부선이 있고 느리기는 하지만 요금이 저렴한 삼등 열차가 있었다. 커피값만으로도 대구까지 왕복할 수도 있고 동해남부선을 타면 바다를 실컷 구경하고 돌아올 수 있었다. 주머니 사정과 시간에 맞추어 혼자 때로는 친구를 꼬셔서 돈만큼 시간만큼 삼등 열차를 타기도 했다.

어느 가을 학교 수업을 땡땡이치고 가을바다 보러 가자며 혜영이를 꼬셔서 동해남부선을 탔다. 서생에서 내려 다시 진하 바닷가로 갔다. 해변에는 아무도 없었다. 갯바위에 앉아 들어오다가 산 식빵과 캔에 들어 있던 딸기잼으로 점심을 먹는데 목이 메였다. 우유를 사려고 했는데 그 당시 시골 구멍가게에는 냉장고가 없어서 우유가 없었다. 딸기잼이 들어 있던 캔으로 바닷물을 담았다. 여름에 해수욕하다가 간혹 바닷물이 입에 들어가기도 했으니까 하고 마셨다. 으악. 짜다. 넘기지 못하고 내뱉었다. 배꼽 잡고 웃던 혜영이 얼굴을 잊을 수가 없다.

그날은 화순이랑 상윤이를 보러 대구에 갔다. 멀리 왔으니 자고 천천히 가라고 해서 상윤이 집으로 갔다. 이른 저녁을 먹고 이야기보따리를 풀려고 하는데 소나기가 내리기 시작했다. 갑자기 빗속을 달리고 싶은 생각이 왈칵 들었다. 열차 시간표를 꺼내 보니 택시를 타고 동대구로 가면 부산 가는 고속버스를 탈 수 있을 것 같았다. 화순이랑 내 주머니에 있는 돈을 털어 계산을 해보니 택시비를 줘도 고속버스를 탈 수 있겠다. 만약에 막차를 놓치면 다시 오겠다는 말을 남기고 동대구역으로 갔다. 매표소로 달렸다. 그런데 계산이 완전히 어긋났다. 하필이면 그날 아침부터 고속버스 차비가 인상되어 버렸다. 어쩌나? 상윤에게 돌아가야 하나? 그사이 한진고속 막차는 떠나버렸다. 10분 후에 그레이하운드 고속버스 막차가 남았다. 상윤이한테 갈 때 가더라도 일단 방법을 찾아보고 싶었다. 누군가에게 돈을 빌리는 수밖에 없는데 아는 사람은 없고, 돈을 빌리면 갚을 수 있는 사람이라야 하고. 그렇다면 부산 가는 사람에게 돈을 빌려야겠다는 생각을 하자마자 조금 떨어져 있는 그레이하운드 고속버스 막차를 향해 뛰었다. 고속버스에 앉아 있는 사람들을 훑었다. 남자라서 안 되겠고, 할머니라서 설명하기 어렵겠고, 중간쯤에 30대쯤 되어 보이는 여자가 차창에 머리를 기대고 힘을 쭉 빼고 앉아 있다. 유리창을 두드렸다. 놀란 눈으로 나를 바라본다. 차에서 내려오라고 손짓을 했다. 홀린 듯 내려온 여자에게 100원만 빌려달라고 했다. 아니 다그쳤다. 빨리 100원만 달라고 했다. 큰돈이 아니어서인지 내가 정신을 차릴 수도 없게 해서인지 홀린 듯 100원을 줬다. 화순에게 빨리 매표소로 가라고 했다. 그리고 내가 설명했다. 고속버스 차비가 올라 돈이 모자라는데 내일 부산 가서 돈을 갚겠다고 했다.

그래도 다행스럽게도 좌석이 남았더라면서 헐레벌떡 뛰어온 화순이와 함께 막차를 탔고 비가 세차게 내리는 고속도로를 달렸다. 약속 장소와 시간을 정하고 그녀와 헤어졌는데 아차차, 이번엔 집에 갈 시내버스 차비가 없다. 고속버스를 타야 한다는 급한 마음에 부산에서 우리 집까지 가는 시내버스 차비를 계산에 넣지 않았던 것이다. 빌리는 김에 100원만 더 빌렸으면 되는 일이었다. 차비가 없다며 좀 태워 달라고 차장에게 사정을 하는 수밖에 없었다. 마침 늦은 시간이어서 교대를 했는지 남자 차장을 만났다. '저어 차비가 없는데 좀 태워 주이소' 비 맞은 아가씨 둘이서 사정하니 선뜻 태워준 것 같다.

다음 날 아침 화순이는 집으로 가고 난 약속한 다방으로 돈을 갚으러 갔다. 나보다 먼저 와 있었다. 커피 두 잔을 시키고 100원을 갚았다.

그녀는 그 당시 커피 한 잔보다 적은 돈을 정말 돌려줄까? 하는 호기심이 생겨서 왔단다. 커피를 마시다가 그날의 상황을 이야기한다. 남편이 바람이 나서 잡으러 갔단다. 꼭 데리고 올 생각으로 갔는데 함께 못 오고 혼자 막차를 타고 이런저런 복잡한 생각으로 기운이 빠져 차창에 머리를 기대고 있었단다. 미안했다. 멍하니 생각에 잠겨 있다가 내게 봉변을 당한 꼴이었으니 간밤에 도깨비 같은 아가씨가 정말 나올까 하는 의문이 당연히 들었겠다 싶었다. 이야기를 듣다 보니 미안하기도 하고 뭔가 위로의 말을 해야 할 것 같았다. 오죽 답답했으면 엉뚱한 아가씨를 잡고 속내를 보였겠나 싶은데 무슨 말로 위로를 하지? 머리를 굴리지만 뾰죽한 답이 없다. 내가 결혼을 해본 것도 아니니 더욱 할 말이 떠오르지 않았다. 난감했다. 그런데 참 생뚱맞은 말이 나왔다.

"혹시 절에 다니세요? 우리 엄마는 힘들면 절에 가시던데 절에 다녀보시면 어떨까요?"

지금 생각해도 피식 웃음이 나온다. 그래도 간혹 비가 오는 날이면 얼굴은 기억에도 없는 그녀가 생각난다. 일이 잘 해결되었을까? 혹시 절에 다니며 위로를 받았을까? 무난한 삶을 살고 있을까? 누구나 그렇듯이 삶의 굽이굽이를 돌아 지금은 할머니가 되어 있겠지. '다 지나갔지 뭐'라며 담담하게 말할 것 같다는 생각이 든다. 어디에 머물러 있을지는 모르겠지만 편안한 얼굴로 여생을 보냈으면 좋겠다.

고속버스 옆구리에 그려져 있던 그레이하운드가 생각난다. 날아갈 듯이 그려져 있던 날렵한 그레이하운드. 갑자기 어디론가 달려보고 싶다.

chapter 2

비의 나그네

 가을비가 조용조용 내리는 초저녁에 일선이가 왔다. 저녁 밥상을 막 물렸다. 저녁은 먹었느냐고 물었더니 먹고 왔단다. 친구는 숟가락 놓자마자 왔나 보다. 얼른 500원짜리 지폐 한 장 챙겨서 나가자고 했다. 친구가 속내를 털어놓고 싶어서 왔다는 걸 알기에 집보다는 밖이 나을 것 같았다.
 "차 한잔 하러 가자."
 "아니 좀 걷자."
 친구는 답답하니 그냥 걷자고 했다. 우리 집 앞길은 비 오는 날 걷기에 좋은 곳이었다.
 적당히 넓은 아스팔트 길 양쪽으로 가로등이 줄지어 있는 주택가였다. 길이도 만만찮게 길어서 이야기를 하면서 오르락내리락하기 좋았다. 한참을 걷다가 친구는 다방은 갑갑하다며 그냥 돌아갔다. 우산 위로 떨어지는 가을비 소리에 귀를 활짝 열고 집을 향해 걸었다.

"저 실례합니다."

우리 집 대문이 저만치 보이는데 어떤 남자가 나를 불러세웠다. 서울 말투다. 길을 물어보려나?

"여행을 와서 송정이란 곳에 머물고 있는데 비가 와서 무조건 차를 타고 오다 보니 여기까지 왔네요. 돌아가야 하는데 여기까지 거리가 꽤 멀어서 차비가 어찌 될지 몰라 돈을 함부로 쓰기도 그렇고… 그런데 따끈한 커피 한잔하고 싶은데 가능할까요?"

송정에서 여기까지는 꽤 멀다. 가을비가 여행자의 감성을 건드릴 수도 있었겠다. 나는 머리를 돌렸다. 주머니 속에는 친구랑 마실 커피값이 그대로 있고, 우리 동네 다방에서 우리 집까지는 한 200m 정도고, 로터리는 불빛으로 환하고, 바로 옆에는 파출소도 있고… 뭐 위험하지는 않겠다 싶었다.

삼정 다방으로 갔다. 환한 다방에 앉았다. 베이지색 바바리코트를 입고 있었다. 부산에서는 좀 보기 드문 옷차림이었다. 유행하던 '비의 나그네' 노래가 생각났다.

서울에서 왔다고 했다. 학생이냐고 물었다. 무슨 학과냐고 물었다. 대학 생활은 어떠냐고 물었다. 남학생들과 함께 머슴아처럼 잘 지낸다고 했다. 며칠 전에는 나뭇가지를 들고 온 남학생이 무협 영화 촬영를 하자고 해서 오른쪽 왼쪽 피하고 살짝 앉았다가 아래로 들어오는 나무 위로 뛰어서 칼(나뭇가지)을 피하면서 점심시간을 보내기도 하고, 어느 날은 교수님과 야구 캐치볼을 했는데 교수님이 '내가 졌다 그만하자' 하시고… 뭐 그렇게 씩씩하게 지낸다고 이야길 해주었다. 어차피 몇 분 후면 모르는 사람으로 돌아갈 것인데 내숭 떨 이유도 없다는 생각이었다.

갑자기 자기는 안동린이라고 이름을 말했다. 그건 내 이름을 알고 싶다는 뜻이기도 하고 내게 뭔가 물어봐 달라는 신호겠지만 모르는 척했다. '린'이란 한자에 대해서 말했다. 그때 전혜린의 《그리고 아무 말도 하지 않았다》라는 책이 인기가 있던 시절이었다. 그래도 내 이름은 말하지 않았다. 몇 분 후면 모르는 사람으로 돌아갈 것이고 여행에서 작은 에피소드면 되지 뭐 끈을 이을 것까지는 없지 않은가.

아직 초저녁이긴 하지만 송정까지 가려면 일어서야 된다고 알려줬다.

"찻값은 내가 낼게요."

"잠깐만요."

바바리코트 안주머니에 손을 넣더니 뭔가를 꺼내어 나에게 내민 것은 파커parker 볼펜과 샤프였다. 모나미 볼펜을 쓰던 시절에 꽤 비싼 문구류다.

"아니요. 괜찮습니다."

"오늘 재미있게 이야기 해줘서 고마웠습니다. 이야기 값입니다."

송정까지 시간이 많이 걸리니까 빨리 가라고 일러주고 난 총총 집으로 왔다.

다음 날 점심시간에 친구들이랑 잔디밭에 앉았다. 웬 고급 볼펜이냐고 묻길래 이야기를 풀어놓았다. 서울 남자에 바바리코트까지 분위기 있었겠다. 혹시 아냐? 인연이 될 수도 있잖아. 이름 알려주지. 끊어진 이야기가 아쉬운가 보다.

어떻게 생겼더냐? 잘생겼더냐? 키는 어느 정도였어? 궁금한 것도 많다.

"몰라. 얼굴은 모르겠다. 또 만날 사람도 아닌데 얼굴 봐서 뭣 하냐?"

"너는 참 희한하다. 저번에도 그러더니." 영숙이가 말했다.

언젠가 친구랑 길을 가는데 어떤 남자들이 아는 척했다. 영숙이가 인사를 했다. 옆에서 이야길 들어보니 잘 아는 사람 같지도 않아서 친구 팔을 끌며 가자고 했더니 그중 한 사람이 며칠 전 미팅 때 내 파트너였단다. 그날 게임에서 1등까지 했잖냐고 핀잔을 준다. 그날 헤어질 때 집까지 바래다주지 않았느냐고 묻는다. 미팅 끝났으면 그만이지 집에까지 바래다줘야 해? 난 그냥 잘 가세요 하고 혼자 집으로 갔다고 했더니 아무튼 넌 좀 웃기는 아이라고 했다. 인연을 그리 억지로 만들 필요가 없다는 것이 나의 생각이었다. 마찬가지로 가을비 내리던 날 그 남자는 낯선 곳에서 여행자의 작은 낭만으로 충분했을 거라고 생각할 뿐이었다. 어쩜 나의 속성은 나이를 먹어도 그대로인가 보다는 생각이 든다. 결과도 중요하지만 동기에 충실한 것이 더 중요하다고 생각하니 말이다. 그래서 약지 못하고 현실적이지 못하다는 소리를 듣고 산다. '그래서 내가 너보고 맹꽁이라 하지' 엄마 목소리가 들리는 것 같다.

　아무튼 비가 내리는 날이면 그 남자 간혹 머슴아같이 씩씩한 아가씨로 나를 꺼내 볼지도 모르겠다. 난 그 남자에 대해서는 바바리코트만 선명하게 남아 있다. 그리고 지금도 그렇지만 굵고 진한 필기구를 좋아하기에 대단히 애용했던 파커 볼펜의 부드러움은 기억에 남아 있다.

chapter 2

귀곡산장

 엄마가 돌아가시고 짐을 정리하면서 매일매일 엄마가 돌리던 율무로 만든 108 염주를 가지고 왔다. 엄마의 손때로 염주가 반질반질하다. 나이를 먹어서일까? 요즘 들어 그 염주를 자주 돌려본다. 한알 한알 돌리다 보면 고향 집 마루에 나란히 앉아 계시던 부모님 모습이 선하다.

 TV 코미디 프로에서 귀곡산장을 재미있게 봤던 기억이 문득 떠올랐던 것은 어느 날 친정에 갔을 때였다. 여기가 귀곡산장이구나 했다.
 오빠네 아이들이 3살 5살 될 때쯤 분가를 했고 그 뒤로는 맞벌이하는 남동생 내외 아이들도 그만한 나이가 되었을 때 분가를 했다. 그리고 친정에는 연로하신 부모님과 다운 증후군으로 어린아이에 머물러 있는 여동생이 남았다.

우리 집 걸레가 남의 집 행주만큼 깨끗하다고 말하던 엄마는 어디로 가고 주방 여기저기에 얼룩과 함께 생활하고 계셨다. 시력이 떨어져 얼룩은 보이지 않고 손끝도 무뎌져서 얼룩을 제대로 지우지 못하시는가 보다.

"엄마, 이젠 오빠네가 들어와야 하지 않을까?"

부모님이 여차하시면 오빠네가 들어올 공간이 있어야 한다고 남동생이 분가를 했던 것이 생각나서 조심스레 이야기를 꺼냈다.

엄마는 내 말이 채 끝나기도 전에 단호하게 거절했다.

"자식은 자질치고(자지러지고) 노인은 거슬치는(거슬리는) 법이라고 했다. 송장 셋(엄마, 아버지, 여동생)이 사는 이 집에서는 누구라도 사흘만 살면 지겨울 텐데 그 지겨운 일을 자식에게 왜 시키냐? 내가 움직일 수 없다면 몰라도."

다시는 합가에 대한 이야기를 하지 않았다. 엄마의 깊은 마음을 알기에 엄마의 생각을 그대로 받아들여야 했다.

나이 드신 엄마와 아버지는 아주 천천히 움직이신다. 여동생도 종일 집 안에만 머물고 있다. 생기 없는 공기가 느릿느릿 흐른다. TV 속 귀곡산장보다 더 귀곡산장 같았지만 엄마의 확고한 마음을 알기에 그냥 있는 대로 바라볼 수 있었다. 우리들 마음의 짐까지도 덜어

준 엄마의 분명함이 고마웠다.

　엄마는 불 지피는 것을 좋아하셨다.
　어린 시절에는 군불을 지피는 한옥에서 살아서 지글지글 끓는 구들장 맛을 나도 안다. 겨울이면 친구가 '참 이상하다. 겨울만 되면 너한테서 왜 시골 냄새가 나냐?'고 했다. 그건 군불로 인한 연기 냄새였다.
　한옥집에서 이사를 가면서 부엌은 연탄보일러로 바뀌었지만 '나는 원래 시골 출신이라 불 때는 것이 있어야 한다'는 엄마의 요청으로 아버지께서 부엌문 앞에 가마솥을 하나 걸어주셨다. 엄마는 지치지도 않고 솥에 불을 지피셨다.
　어느 날 친정 대문을 들어서다가 마주친 광경은 잊을 수가 없다.
　아버지는 옥상 난관에 기대어 조심조심 밧줄을 내리고 계셨다. 그 밧줄 아래엔 굵은 땔감나무 서너 개가 매달려 있었고 엄마는 얼굴을 뒤로 젖히고 두 손을 올려 나무를 받을 자세를 취하고 있어 내가 들어오는 줄도 몰랐다.
　멈칫했다. 힘없는 두 노인네의 합동 작전이 잠깐 서글펐지만 이내 아름답다는 생각이 들었다. 사람 인人 자가 그런 것이라고 했지.

　시골 출신이라는 말대로 엄마는 손바닥만 한 땅만 있어도 무엇이라도 심었다. 어느 해는 대문 밖 작은 공터에 율무를 심어 거두었다.

해가 짧은 초겨울에 친정을 갔다. 마루 끝에 엄마 아버지가 나란히 앉아서 고개를 숙인 채 뭔가를 만들고 계셨다. 아버지께서는 송곳으로 율무에 구멍을 내고 계셨고 엄마는 구멍 뚫린 율무에 실을 꿰어 염주를 만들고 계셨다.

벌써 많이 만들어 놓았다. 집에 갈 때 몇 개 가지고 가서 시어머니께도 하나 드리고 필요한 사람이 있으면 나눠주라고 했다.

나란히 앉아 염주를 만들고 계시는 부모님이 참 평화로워 보였다.

두 사람이 오래 살면 이렇게 되는 것일까?

언젠가 내가 엄마는 죽으면 어떻게 하고 싶냐고 물었다.

매장을 원한다고 했다. '화장 안 하고? 왜?'라고 물었더니 뜨거운 불 속으로 들어가는 것이 싫다고 했다. '송장이 뜨거운지 찬지 어찌 알아? 나같으면 축축한 땅속에 누워 있는 것보다는 차라리 한번 뜨겁고 말겠다'고 했다.

엄마는 아무 말도 하지 않았다. 그건 네가 뭐라고 해도 난 땅에 묻힐 것이라는 말이란 걸 알기에 두 번 다시 물어보지 않았다.

아버지가 돌아가시고 다음 해에 엄마는 아버지 곁으로 가서 나란히 묻히셨다.

부모님이 돌아가시고 몇 년이 지나서 언니에게 물었다.

난 엄마는 화장할 줄 알았는데 왜 산소를 고집했냐고 물었더니 아버지와 나란히 묻히고 싶어 했단다.

깨가 쏟아지게 정이 많은 부부도 아니었고 경제적으로 넉넉하지도 않아 삶을 늘 곡예처럼 살았으니 불만도 많았을 것이다. 또 삶의 굽이마다 우여곡절이 왜 없었겠는가. 타협할 줄 모르는 아버지의 청빈으로 우리 가족 모두 경제적으로 힘들었고 엄마는 외줄 타며 살았는데도 나란히 묻히고 싶어 했단다. 비록 현실적이지 못해서 우리들을 고생시키기는 하셨지만 맑고 온화한 아버지였기에 그럴 수 있다는 생각이 들었다.

언젠가 내가 아버지 같은 남편을 만나고 싶다고 했을 때 언니가 콧방귀를 뀌던 일이 생각났다. 아버지는 사람이 사람을 못 믿으면 사람이 아니라고 하셨다. 있는 그대로 바라보며 받아주는 편안한 사람이었기에 엄마도 그런 인간적인 신뢰가 남녀 간의 사랑보다 한 수 위라는 생각을 한 것 같았다. 그 신뢰가 있어 귀곡산장은 생각보다 따뜻하고 아름다웠던 것 같았다.

이제 부모님의 유품이 된 반질반질한 율무 108 염주를 돌릴 때면 마루 끝에 나란히 앉아 염주를 만들던 부모님 주위로 아름다운 노을빛이 번지던 귀곡산장이 떠오른다.

chapter 2

한 꼬집

신천지. 확진자.

코로나19로 매일 듣고 카톡엔 새로운 옷을 입힌 글들이 오고 갔다.

3월 어느 날 코로나 덕분에 확찐자가 된 며느리가 아이들과 함께 우리 집으로 왔고 단출하기만 하던 우리 집 현관은 신천지가 되었다.

7살 나언이와 5살 동영이와 함께 아파트에 갇혀 있으니 며느리는 확찐자가 되었단다.

몸을 가만히 두지 못하는 에너지 덩어리들이 아파트에 갇혔으니 녀석들 몸이 근질근질했겠다. 아래층을 의식해서 뛰지 말고 까치발로 다니라는 말을 며느리는 입에 달고 살았을 것이다. 시골에 오니 무엇보다도 마스크를 쓰지 않아도 되니 너무 좋다고 며느리는 몇 번이나 말한다.

　시골에 올 곳이 있다는 것이 아이들은 행운이라고도 말한다.

　녀석들은 들판 논 사잇길을 킥보드를 타고 마구마구 달린다. 며느리와 함께 나도 녀석들 뒤를 따라 달린다.

　"할머니 달리기 시합해요."

　"좋아. 할머니 간다."

　씽씽 달려 아이들을 앞지른다. 아직은 쌀쌀한 봄바람이 기분 좋게 얼굴을 스친다. 얼마 만에 이렇게 달려보는가? 내가 시골로 이사 와서 면 체육대회 때 우리 동네 릴레이 선수로 달려본 것이 마지막이니 한 20년도 넘었나 보다.

　"어머니 진짜 잘 달리네요."

　"여고 시절 100m에 15.8초 기록이 나이 들어도 좀 남아 있나 보다. ㅎㅎ"

　3대가 누구 눈치 보지도 않고 하늘까지 닿을 듯 큰소리로 웃고 떠들며 들판을 휘젓고 다니니 이것도 내게는 상상도 못 했던 신천지라는 생각이 든다.

　그렇게 달려 들판 건너편 농장에서 토마토 두 상자를 사왔다. 녀석들은 토마토보다 토마토 박스가 더 반가웠다. 박스에 들어앉으니 마루는 금세 바다가 되고 박스는 배가 되었다. 그렇게 배로 변한 박스를 앞뒤 끈으로 연결하니 이번에는 기차로 변한다.

바닷물이 많이 빠지는 오후에는 고둥을 잡으러 바다로 갔다. 그날은 아이들보다 아들 내외가 더 신이 났다. 아이들을 내가 보고 있으니 마음 편히 고둥 줍는 일에만 몰두할 수 있기 때문이었다. 고둥이 가스 불 위에서 익어가니 짭조름한 바다 냄새가 집 안에 가득하다.

"나언이랑 동영이가 잡은 고둥이라서 더 맛있겠네."

할아버지는 흐뭇하고 행복하다는 말을 맛있겠다는 말로 대신한다.

고둥이 익는 동안 두 녀석은 싱크대에서 냄비 뚜껑들을 들고 쾅쾅거리며 어린이 음악대가 되었다. 저녁을 먹고 고둥을 한 양푼이 까먹더니 피곤했던지 모두가 일찍부터 잠에 빠졌다.

한방 가득한 식구들을 보면서 아마 이런 시간은 두 번 다시는 없을 것이란 생각에 이것도 내겐 또 신천지라면서 물끄러미 자는 모습을 내려다본다.

할머니와도 자고 싶고 그렇다고 한밤중에 엄마 아빠가 없으면 불안한 녀석들 덕분에 우리 방에서 함께 잔다. 참 귀한 시간이다.

바닷가에 있는 작은 커피숍에 갔다. 그리고 바닷가 한쪽에서 아이들은 돌멩이로 탑을 쌓는다.

바다는 푸르고 바람은 쾌적하다. 어머니가 이런 시골에 살아서 너무 좋다고 했고 친구가 어찌 시댁으로 피난 갈 생각을 했냐고 놀라워한다고 이야길 해준다. 듣기 좋은 말이었다. 며느리 역시 코로나가 아니었으면 시어머니와 한방에서 열흘씩이나 지내는 일은 없었을 것이다. 나도 며느리도 아이들도 귀한 추억이 될 것이다. 감사한 일이다.

냄비에 김치를 깔고
　　김치가 잠기도록 물을 잘박하게 붓고
　　들기름을 넉넉히 넣은 뒤에
　　백향과청을 조금 두르고 끓이면 된다.
　　몇 번 해보면 잘될 거야.

　우리 집에 함께 있을 때 먹었던 김치찌개가 생각이 났던지 어떻게 하느냐고 며느리가 물어서 내가 보낸 문자다. 한참 후에 다시 문자를 보면서 혼자 웃었다. 며느리가 원하는 레시피는 이렇게 두루뭉술한 것이 아닐 것이다. 과학적이고 숫자로 분명한 레시피를 기대했겠지.
　어릴 때 엄마가 감자 서너 개, 마늘 대여섯 쪽이라고 심부름시킬 때 못마땅했던 생각이 나서 픽 웃는다. 나도 어쩔 수 없이 엄마를 닮은 구세대라는 생각이 든다.
　내가 초등학교 6학년 때 대학생이었던 언니의 노트에 적힌 레시피에서 1c, 1Ts, 1ts 같은 계량 단위를 보면서 신선했던 기억이 있다. 엄마하고는 달랐다.

　며칠 전 차남이가 일을 도와주러 왔다.
　"언니야, 언니가 준 계량컵 별로 쓸모가 없었는데 남편이랑 산에 갈 때 계량컵 가방에 넣고 가서 물 마시니까 아주 좋더라. 스텐이라 튼튼하지 손잡이까지 있어 더 좋더라."

"잘했네. 그렇게라도 사용할 수 있으니."

맞장구를 쳐주면서 우린 어쩔 수 없는 아날로그 세대라고 생각했다.

언젠가 컴퓨터에서 젊은 살림꾼 레시피를 본 적이 있다. 정말 다르다는 생각이 들었다.

오래전 언니의 레시피 노트가 신선하기는 했지만 쬐끔 마음에 들지 않았던 것이 있었다. '소금 약간, 참기름 적당히'라는 것에서 다 된 밥에 콧물 떨어지는 느낌이 있었다.

그런데 젊은 살림꾼 레시피에는 소금 '한 꼬집'이라고 적혀 있었다. '꼬집'이란 단어가 '약간'보다는 훨씬 구체적이었다. 역시 신세대는 달랐다.

종종 계량을 해서 음식을 만드는 나를 보면서 우리 며느리도 그렇게 확실한 레시피를 기대했을 것이다. 그런데 내 문자를 보면서 시어머니나 친정엄마나 똑같다며 어쩔 수 없는 구세대라고 실망했을 것이다.

한 꼬집을 따라가려면 한참 멀었다는 생각을 한다. 아니 붓고, 넣고, 두르고라는 설명만으로도 대충 감을 잡는 세대로 그냥 남을 것이다.

그래도 '소금 한 꼬집'은 배웠으니 좀은 분명해진 것일까?

chapter 2

맹꽁이 분양

　상윤이가 지리산으로 들어갔다. 암이 재발했고 수술을 해도 긴 시간을 보장할 수 없다는 말에 차라리 자연요법을 택했다. 40일간의 포도 단식을 견디고 많이 좋아진 모습을 보고 왔는데 갑자기 상태가 나빠졌다는 소식을 듣고 다시 지리산으로 찾아갔다.
　힘들어하는 상윤이를 보면서 여러 가지 생각이 지나간다. 상윤이에게 많은 것을 받았었는데 나는 무엇을 줬을까? 그나마 내가 수필집(《맹꽁이 같은 然》)을 내어서 정말 다행이란 생각이 들었다. 자신이 책을 낸 것처럼 기뻐했고 나를 주위 사람들에게 자랑하기 바빴다. 지금도 산속에서 함께하는 환우들에게 자랑질이다.
　그런 상윤이를 보면서 생각나는 세 사람이 있다.

꾸불한 산모퉁이를 막 돌아가는데 '빵빵' 큰소리를 내면서 반대편 차도에 버스가 지나간다.

"아이구 놀래라. 우리 제대로 잘 가고 있는데 왜 빵빵거리며 난리야."

옆에 앉은 차남이가 놀라서 투덜거린다.

"기사님이 나한테 인사한 거야."

나는 미처 못 봤는데 박 기사가 내 차를 알아보고 경적을 울린 것이다.

25년 전 시골로 이사 와서 읍으로 나갈 때면 노선버스를 이용했다. 몇 분의 기사님이 계셨지만 유독 박 기사님 차를 타는 것은 즐거운 여행 같았다. 버스를 기다리면서 이번 차는 박 기사님 차이기를 바라곤 했다.

박 기사님 차에는 언제나 노래가 흘렀고 70·80 노래가 주로 나와서 난 창밖을 보면서 노래를 따라 부르곤 했다. 그러다 보면 갑자기 볼륨이 높아진다. 아마 백미러를 통해 흥얼거리며 따라 부르는 나를 봤나 보다. 그렇게 낯선 곳에서 박 기사에게 친밀감을 느끼곤 했다.

어느 날은 집을 나서면서 보니까 벌써 임포 고개 위에서 버스가 내려오고 있었다. 차를 놓치면 다음 차를 한 시간도 넘게 기다려야 한다. 농로를 달리기 시작한다.

농로는 왜 이리 길어. 헐떡거리며 뛰어가는데 버스 뒤꽁무니가 나를 향해 다가오고 있다.

숨을 몰아쉬며 "고맙습니다."라고 말하는 내게 "천천히 와도 태워 줍니다."라며 웃는다.

그런 배려는 내게만 하는 것이 아니다. 그래서 모든 사람들이 박 기사 박 기사 하며 좋아하는 것 같다.

"아이구 아가씨들 어서 오이소."

그러면서 손을 내밀면 지팡이가 쑥 올라오고 박 기사는 그 지팡이를 잡고 당긴다. 그러면 지팡이 끝에 매달린 할머니들이 버스에 오른다.

"오늘은 아가씨들을 그냥 보낼 수 없으니 조금만 돌아가야겠습니다."

큰길을 빠져 우회전을 해서 버스 노선이 아닌 들길로 한참 가서 병원 앞에 차를 멈춘다. 아가씨들 진료 잘 받고 가시라는 인사를 건네고 다시 차를 돌린다.

언젠가는 중학교 앞에 차를 세우더니 잠깐만 기다려 달라는 말을 남기고 급히 뛰어간다. 화장실이 급한가 보다 생각했는데 학교 운동장으로 달려가더니 축구를 하고 있는 남학생들 사이에 끼어 공을 찬다. 주거니 받거니 친구들처럼 공을 찬다.

그 모습을 한참 바라보고 있노라니 할머니 한 분이 창문을 열고 '박 기사야, 니 안 갈꺼가'라고 소리친다. 후다닥 운전대에 앉으며 '아가씨 죄송합니다' 말과 함께 버스가 움직인다.

뛰어가 공을 차는 박 기사도 그렇고 기다려주는 승객들도 그렇고 그렇게 좀은 느린 시간을 허용하는 시골 인심이 참 좋다.

간혹 박 기사 차를 다른 기사님이 운전할 때가 있다. 그런 날은 어김없이 박 기사가 전날 밤 폭주를 해서 못 나온다고 했다.

그렇게 밝고 씩씩한 박 기사도 아픔이 있다. 박 기사에게는 다운증후군 아들이 있다. 남자 혼자서 장애인 아들을 건사하는 일이 얼마나 힘들겠는가. 할머니들은 그런 박 기사를 알기에 '박 기사도 사람인데 술 안 마시고 살 수 있겠나. 그렇게라도 속을 풀어야지'라며 걱정을 대신한다. 장애인 학교에서 돌아온 오후 맡길 데가 없을 때면 아들을 운전석 뒤에 태우고 운행을 한다. 그런 여동생이 있었던 나는 그 모습이 짠하면서도 고맙다.

장애인 학부모 모임에서도 활동을 열심히 하는 박 기사, 얼굴 한번 찡그리는 모습을 보지 못했다.

내가 운전을 하면서 자주 보지 못하지만 어쩌다 교행할 때면 경적으로 대신한다.

어느 날 기다렸다가 맹꽁이 한 마리(수필집)를 전했다. 무지 좋아하는 박 기사를 보니 나도 흐뭇했다.

일상에 쫓겨서 수필집을 읽을 여유가 없을지도 모른다. 안 읽으면 또 어쩌랴. 내가 박 기사를 염두에 두고 있다는 것만 전해지면 족하다. 그냥 수필집을 받았다는 것만으로도 충분히 좋아할 거라고 내 맘대로 생각하며 책을 전했다.

맹꽁이 한 마리가 박 기사 집에서 오래도록 위로가 되기를 바란다.

종순 씨와의 인연도 벌써 10년이 훌쩍 넘었다.

삼천포 수산시장 골목을 지나가는데 생선을 다듬고 있는 종순 씨가 눈에 띄었다.

직업에 귀천이 없다지만 생선을 다듬고 있기엔 아깝다는 생각이 들어 걸음을 멈추고 생선 한 무더기를 손질해 달라고 했다.

이쁘다. 새댁 같아 보여 그 젊은 시간이 아깝다는 생각도 들었다.

"짧은 칼을 쓰네요."

얼굴을 들어 나를 보며 큰 칼은 무거워서 작은 칼이 쓰기가 좋다고 말하는 종순 씨의 얼굴에서 쓸쓸한 눈빛이 보인다. 우수라기보다는 고단함과 함께 묻어 있는 외로움 같은 것이 엿보인다.

그 뭔지 모를 짠함 때문에 무조건 단골집으로 정해졌다.

언제부턴가 종순 씨는 보이지 않고 시어머니만 보인다. 건어물 단골 아주머니께 종순 씨 안부를 물어봤다. 일찍 어머니가 돌아가셔서 어릴 때부터 엄마 노릇 하며 자랐단다. '친정 울타리가 없으니…'라며 말끝을 흐린다. 그 말이 자꾸 걸려서 수산시장 갈 때마다 들러도 안 보인다.

시어머니만 간간이 나오시더니 어느 날부터는 문이 내려졌다. 허탕인 줄 알면서도 골목 어귀에서 굳게 내려진 문만 보고 가기를 한 2년 지난 어느 날 종순 씨가 다시 나왔다.

'그간 무슨 일이 있었냐? 어디 아팠냐?' 물었더니 그냥 웃으면서 집에 일이 좀 있었다고만 답한다. 그렇게 다시 나오니까 반가웠다.

"이모, 우리 딸이 엄마가 이런 사람도 다 아느냐고 묻던데요."

내가 준 된장 통 뒤에 있는 연락처를 가지고 나의 카카오 스토리를 죄다 봤단다.

'친정 울이 없어서…'라던 말이 생각났다.

"이모, 사실은 우리 아들이 하늘나라로 갔어요."

모든 것이 그 말로 설명이 되었다. 그 마음 추스르는데 2년이 넘게 걸렸었구나. 그대로 주저앉지 않고 이렇게 나오니 고마웠다. 조금이나마 위로가 될까 싶어 수필집을 건넸다.

"우리 딸이 더 좋아하겠다. 딸이 먼저 읽고 내가 볼게요."

친구 같은 딸이 있어 그나마 다행이라 생각했다.

"언제 딸이랑 같이 한번 보자."

내가 전화를 하거나 생선을 사러 갈 때 이모라고 부르는 소리가 남다르게 들린다. 책꽂이에 꽂혀 있을 맹꽁이 한 마리가 그녀에게 위안이 되면 좋겠다.

"야! 이 미친놈아. 포도주는 왜 사오냐? 그 돈으로 복권이나 사지."

현관을 막 들어서는데 남편 목소리가 들린다. 누구랑 말하나 싶어 방문을 열었더니 남편과는 동기인 이泰 선배가 있다. 며칠 전 통화할 때 3·4일 안으로 온다고 하더니 생각보다 빨리 왔다.

20여 년 전 선배가 미국으로 갔다는 소문 후로 선배의 이야기를 아는 사람이 없었다. 우연히 선배의 사촌 동생으로부터 몇 년 전 한국으로 나왔고 가족 친척들과도 단절하고 살고 있다면서 혹시 모르는 번호라 전화 받을지도 모르니 우리보고 연락을 해보라고 했다. 사촌 동생 추측대로 전화 연결이 되었고 이렇게 불쑥 나타난 것이다.

40여 년 만에 우리 부부를 보러 오는데 술 한잔은 해야 한다며 포도주 한 병 들고 왔다. 예상 밖의 모습이었다. 남루한 행색에 내심 당황했다.

선배가 있는 자리는 늘 떠들썩했다. 약간의 허풍까지 더해서 주인공(?)처럼 생색내기도 잘했다.

"너, 이놈이랑 산다고 고생이 많다. 안 봐도 훤하다."

귀국 후 줄곧 서울에서 살았다는 선배의 말투는 서울말로 변해 있었다. 그 옛날 호기는 어디로 가고 가족과 세상을 외면하고 살고 있는 것인지.

30만 원짜리 고시원에 산단다. 노령연금에 5만 원만 보태면 주거 생활은 해결된단다. 먹고 입는 것은 어찌하냐는 남편 말에 고시원에 밥은 언제나 있으니 반찬만 사면 되고 지겨우면 무료 급식소에 가서 먹으면 된단다. 옷은 동대문 시장에서 3,000원이면 해결되니 세탁할 때가 되면 버리고 늘 새 옷만 입고 산단다.

"그 돈은 어디서 나오냐?"

남편은 궁금한 것이 많다. 박스를 모아서 팔기도 하고 간혹 인력시장에 가서 알바도 하고 때로는 즉석 복권 긁어 횡재를 하기도 한단다.

복권이나 사라던 남편의 말이 이해가 된다. 그래도 자기는 빌딩 관리자들을 알아서 박스가 모이면 연락이 온다고 한다. 작은 가방 안에 늘 여권이 있단다. 어쩌다 튼실한 알바가 생기면 그 돈으로 해외여행을 간단다. 어디까지 새겨들어야 할지 모르겠지만 남편이 말하던 그놈의 허풍이 더해져서 무용담을 늘어놓듯 말한다.

황당했다. 아이들은 보냐고 물었더니 미국 갈 때 다 끊었다고 말한다.

무엇이 선배의 삶을 이렇게 만들었을까? 어디서부터 단추를 잘못 끼웠을까?

3일 자고 4일째 떠나는 날 터미널까지 데려다주는 내게 말한다.

"서울 올 때 연락해. 그놈(남편)은 외식도 안 하니까 대신 내가 멋있는 레스트랑에 데리고 가줘야지."

선배 무릎 위에 있는 가방을 바라본다. 언젠가 우리 아들 주라며 친구가 준 가방이 있어 선물이라며 낡은 가방과 바꿔 가라고 했다. 그들의 무리에 돌아가서 멋진 메이커 가방을 후배가 그것도 여자 후배가 줬다면서 얼마나 부풀릴까.

서울 오면 꼭 연락하라며 차에 오르는 선배에게 아무 때고 또 오라며 손을 흔들었다.

서울로 판매행사를 가게 되었다. 판매행사 장소가 종로구라고 하니 선배의 고시원과 가깝겠다 싶어 연락을 했다. 수필집 한 권을 전하고 싶어서였다.

허풍-희망사항들로 만든 가상의 이야기-을 버릴 수도 고칠 수도 없는 선배라면 차라리 허풍거리를 주자는 생각이었다. 첫날 책을 받아들고 손님을 맞는 나를 먼발치에서 물끄러미 바라보다가 다음 날 오겠다면서 갔다.

다음 날 다시 온 선배는 된장과 고추장을 사겠다며 얼마냐고 묻는다. 옛날처럼 약간의 애교를 섞어 '고객님 좀 깎아줄까요?' 했지만 '선배를 뭘로 보고'라며 다 계산한다. 모르는 척 받았다.

이 돈이면 박스를 얼마나 모아야 할까? 머리도 돌고 마음도 어지럽지만 '땡큐! 선배'라며 선배의 자존심을 위해서 아무렇지도 않은 듯이 받는다.

된장과 고추장과 수필집으로 한껏 부풀려진 이야기로 그들의 무리에게 자랑을 하겠지.

수필집은 작은 고시원 방 한쪽에 자리를 잡고 선배는 학창시절로 돌아가 잠깐씩 옛날로 돌아가기도 하겠지. 그렇게 짧은 순간순간이나마 좁은 고시원 방에서 탈출할 수 있으면 좋겠다.

맹꽁이는 '맹꽁 맹꽁' 우는 것이 아니라 '맹' 하고 울면 '꽁' 하고 답하고 '꽁' 하면 '맹' 하며 호응을 해준단다.

각기 다른 곳으로 간 세 마리의 맹꽁이가 주인이 '맹' 하면 '꽁' 하고 답해주고 주인이 침묵하고 있으면 먼저 '맹' 하고 울어 주인이 '꽁' 하며 마음을 열게 해주면 좋겠다.

  내가 수필집 내기를 참 잘했다는 생각을 한다.

chapter 2

변압기

"너희 시어머니께는 농담은 하지 마라. 농담을 받아들이지 못하고 오해가 생기겠더라."

　신혼여행에서 돌아와 며칠이 지나서 시부모님께서 친정 부모님을 초대하셨다. 그것도 결혼식의 한 순서라고 했다.

　식사를 마치고 돌아가시는 부모님을 배웅하는데 엄마가 살짝 다가와서 내 귓가에 대고 낮은 소리로 은밀하고 빠르게 한마디 하시고 가셨다.

　약간 얼떨떨했지만 그건 엄마가 내게 주신 충고이기도 하고 지혜의 말이기도 한 시집살이의 팁이라고 생각했다.

　엄마의 말을 이해하기까지 뭐 그리 긴 시간이 걸리지 않았다.

작은 차이가 큰 차이를 만든다고 했던가?

같은 한국 사람인데 지역이 다르다는 것이 그렇게 큰 차이가 있다는 것을 실감하게 되었다. 경북과 경남도 기질의 차이가 있는데 이북(개성)과 이남(부산)의 거리 차이만큼이나 크게 결이 다르다는 것을 실감하게 되었다.

"울 할머니가 늘 이북 사람들마저도 딸은 절대로 개성집 며느리로 보내는 게 아니라고 하던데… 너 고생하겠다. 우짜겠노."

부모님 고향이 함경도인 동창생이 날 걱정했다.

풍토가 다르고 음식도 다르면 문화도 다르고 사고에도 차이가 있고 그 작은 차이라고 생각했던 것들이 소통에도 문제를 일으키면서 마음에 상처가 남기도 한다는 것을 피부로 느끼며 살았다.

때때로 외눈박이 섬에 홀로 두 눈을 가진 내가 비정상이 되어 나만 문밖에 서 있는 듯한 기분 더러운 외로움도 생기곤 했다.

경상도 집안으로 시집을 갔어야 했는데 하는 소용없는 후회도 해봤다.

엄마가 준 힌트처럼 시어머니는 말하는 기술이 부족했다. '아' 다르고 '어' 다르다는 말은 '너무 솔직해서'라고 억지를 부렸다.

어느 날 어머님께 아버님과 함께 노인대학을 나가시면 시간 보내기도 좋고 또 남들이 사는 모습도 보면 좋을 것 같으니 한번 가보시면 어떻겠냐고 했다. 일 초의 망설임도 없이 '내가 똑바로 살고 있는데 남을 왜 보냐'는 너무나 뜻밖의 대답에 조금 당황했다.

"어머님는 살아오시면서 실수를 하거나 잘못했다는 생각을 해보신 적이 없나요?"

"당연히 없지. 나는 실수를 한 적도 잘못을 한 적도 한 번도 없다."

신보다 더 당당한 아만은 어디서 오는 것일까?

벽이었다. 높고 견고한 벽이란 생각이 들었다. 변화를 기대할 수 없겠다는 막막함이 들었다. 내가 할 수 있는 것은 스스로 상처를 받지 않을 훈련이란 생각을 했다.

우리 동네 시장 한쪽에 서원유통(현재의 탑마트)이라는 독립적인 큰 가게가 들어왔다. 슈퍼라는 말도 마트라는 단어도 없을 때였다. 여기저기 가게를 기웃거리지 않아도 한 바퀴 돌면서 필요한 것을 살 수 있다니, 참 편리했다. 그곳에서 처음으로 본 에어커튼도 신문물이었다.

찬 공기가 투명한 커튼처럼 흘러내렸다. 야채나 생선을 집어내려고 손을 넣으면 에어커튼이 아무런 저항 없이 열리고 손을 빼면 아무 일도 없었던 것처럼 슬그머니 냉기를 흘려보내며 커튼으로 돌아온다.

그걸 보면서 생각했다. 그래, 불쑥 들이밀면 막으려고 하지 말고 자리를 내어주고, 나가면 언제 그랬냐 싶게 다시 돌아갈 수만 있다면 상처가 적겠다는 생각을 했다. 최소한 상처가 머무는 시간만이라도 줄일 수 있겠다. 그게 생각처럼 쉽지는 않겠지만 연습해 보자.

언젠가 내가 어머님께 단정적으로 말씀하시지 마시고 '왜'라고 물어봐 주시라고 부탁을 드린 적이 있었다.

어머님은 어떤 상황이라도 이미 당신의 각본대로 결론이 나 있는 듯했다. 옆에서 아니라고 해도 당신의 판단이 언제나 맞다는 믿음이 있어 힘들게 만들었다. 백 사람이 그건 검은색이라고 말해도 받아들이는 사람이 백색으로 본다면 어쩔 수 없이 백색인 것을. 언제부터인가 나는 어머님의 말씀을 글로 읽는 연습을 하고 있었다. 말을 글로 읽으면 최소한 감정적인 대응으로 또 다른 상황을 만들지 않을 수도 있고 그로 인한 상처를 적게 받을 수 있다는 판단을 한 것이다.

110V 전압에서 220V로 바뀌는 시대가 왔다.

모든 전기 제품이 220V로 바뀌려면 시간이 필요했고 가전제품이 110V용이라 가정에서도 승압을 위한 변압기를 사용하게 되었다. 변압기를 사용하다가 마음에도 변압기 하나 설치하면 좋겠다는 생각을 했다. 승압 변압기가 아니라 거꾸로 220V를 110V로 내리는 변압기면 좋겠다.

상대가 필요 이상으로 흥분하거나 비아냥거리거나 잘난 체하는 등등의 말투를 변압기에 넣어서 그런 것들을 조금씩 강도를 낮추고 감정을 조금 유연하게 바꿀 수 있다면 소통이 좀 수월해지지 않을까. 소통이 되지 않는다 하더라도 상처의 흔적을 적게 할 수는 있겠다.

상대가 감정적으로 나온다고 하더라도 변압을 시키는 동안 차분해져서 험악한 분위기로 가는 것을 조금이나마 멈출 수 있지 않을까.

마음에 변압기 하나 설치하고 잘 활용하려고 노력했었다.

이제 그 변압기에 새로운 기능을 달아야 할 시간이 왔다고 생각한다. 나이 먹었다고 단호하게 말하는 것은 아닐까? 삶의 시간이 많이 남지 않았다는 생각 때문에 조급해서 상대의 말을 끊어버리지는 않을까?

그래서 '나라면, 내 생각으로는'이라는 기능을 하나 더 추가하려고 한다.

늙은이가 된다는 것은 껍데기는 윤기를 잃어 보기 싫게 되고 기능은 헐거워져서 실수하는 횟수가 늘어나겠지만 그래도 부드러운 목소리로 차분하게 말하는 늙은이가 되고 싶다.

chapter 2

방 생

2024년 2월 17일.

음력설을 보내고 일주일째 되는 날이다. 올해는 일찍 여수로 방생을 하러 가게 되었다.

겨울 끝자락이지만 찬 바람도 자고 햇살이 투명하다. 영화의 예고편처럼 봄을 예감하게 만드는 날씨다. 상큼하다. 일찍 봄을 만날 수 있을 것 같은 기대감으로 버스에 올랐다. 차창 옆으로 따스한 햇살이 밀려가고 연이어 상큼한 햇살이 달려온다.

편안한 마음으로 방생법회가 끝난 후 소박한 점심을 맛있게 먹고 몽돌이 있는 깔끔한 바닷가에 내렸다. 파도가 몽돌 사이를 빠져나가는 청아한 소리가 우리를 반긴다. 언제 들어도 좋은 소리다. 마음의 찌꺼기를 씻어내리는 듯한 소리다.

  조금만 걸으면 모래사장이 있는 작은 해수욕장이 있단다.

  미혜랑 나란히 골목길을 걸었다. 해변이 있을까? 할 때쯤 골목이 끝나면서 아담한 모래사장이 한눈에 들어온다. 소담하고 정겨운 겨울 바다는 한적했다. 몇몇 가족들이 보인다.

  남자아이 둘이서 두꺼비집을 만들고 주변에 작은 성까지 열심히 만들고 있다. 아빠는 조금 떨어져서 아이들의 모습을 폰에 담고 있다. 폰에 녀석들의 모습을 담으면서 입가에 미소가 번진다. 행복해 보인다. 내가 아들만 둘이어서인지 녀석들의 모습에 마음이 더 간다. 자연스레 녀석들의 모습을 내 폰에 담는다. 어릴 적 선이와 원이를 겹쳐서.

  날씨에 감사하며 다시 골목길로 돌아간다. 올 때 무심코 지나간 동백나무 울타리의 가장 아래쪽에 핀 동백꽃 한 송이가 눈에 들어온다. 쪼그리고 앉아 올해 첫 동백꽃을 폰에 옮긴다.

  땅에서 올라오는 봄기운이 똑똑똑 꽃봉오리를 열었나 보다.

  몽돌밭에는 사람들이 삼삼오오 짝을 지어 휴식을 취하고 있다. 아무도 모자나 손으로 햇살을 가리지 않고 겨울 햇살을 즐기고 있었다. 그 모습이 편안하게 보인다. 햇살로 따끈해진 몽돌이랑 몽돌을 쓸고 내려가는 파도 소리 그리고 나지막한 파란 하늘까지 이 순간을 한가롭게 만들어주고 있다. 그야말로 휴식이다.

바다를 내려다보고 있는 건물을 올려다본다.

2층 커피숍 선팅이 된 창문 뒤에 호접란 화분이 놓여 있다. 푸른빛 선팅 탓인지 흰색 호접란이 조금은 파리하게 보이는 것이 외로워 보인다. 약간 고개를 숙이고 아래로 향해 있는 호접란이 창밖의 봄 햇살을 부러워하는 것 같아 자꾸만 눈길이 간다.

어릴 때 신학기가 되면 봄이 왔다고 치마를 달라고 우기면 아직 겨울 끝자락 추위가 남았다며 좀 기다리다던 엄마와 3월부터는 봄이라고 우기던 내 모습이 갑자기 생각이 난다.

그래 조금만 더 참고 기다리라고 봄나들이하고픈 호접란에게 우리 엄마의 말을 전한다.

아래층 창문턱에 하얀 운동화가 몸을 말리고 있다. 입을 크게 벌리고 따사로운 햇살을 한껏 마시고 있다. 갑자기 마음이 놓인다.

난 종종 미안하고 안쓰럽게 신발을 바라보곤 했다. 온종일 다니다가 돌아와 현관에 신발을 벗고 돌아보면 신발은 여전히 입을 크게 벌리고 다물지 못하고 있다.

나의 몸무게를 지탱하다 보니 입이 굳어서일까? 나를 내려놓고도 입을 다물지 못하는 신발에게 뭔가 다른 보상의 것을 채워줘야 할까? 아무튼, 간혹 신발을 벗을 때 입을 다물지 못하는 신발을 보면서 삶의 무게를 저울질해 보곤 했다. 노곤한 삶에 휴식을 주고 싶어 했던 마음은 신발이 아니라 나 자신이었을 것이다.

오늘은 좀 다르다.

말끔하게 변한 운동화가 입을 최대한 크게 벌리고 있는 것은 봄의 기운을 저 깊은 곳까지 이르게 하고자 함인 것 같다. 기꺼워하는 것처럼 보인다. 봄의 노래를 부르고 있었다. 최대한 입을 크게 벌리고서 말이다.

왠지 오늘은 숙제 하나를 한 것처럼 가볍다. 마음 한구석 안쓰럽게 자리 잡고 있던 신발에 대한 생각을 홀가분하게 내려놓는다. 피곤하고 허기진 신발을 방생했다. 그 신발에 발을 넣고 걸어온 고단했던 나도 함께 방생했다.

chapter 3

엄마야 세상에

chapter 3

바늘구멍

"벌써 스무 살이 넘었네. 기호(오빠)랑 동갑이니까."

연중행사인 명절이나 제사 때 나오는 커다란 양푼에 나물을 담으면서 엄마가 말했다.

아들 둘을 놓치고 만난 귀한 아들을 또 놓칠까 봐 오빠가 돌이 될 때까지 딸이라고 했단다. 그래서 기념 식수하는 것처럼 오빠 첫돌에 큰 양푼을 장만했구나. 내 맘대로 해석을 했다. 스무 살이 넘었다는 말은 그간 엄마가 또 아들을 놓치면 어쩌나 마음 졸였던 시간에서 조금 벗어나 안심이 된다는 말같이 들렸다.

플라스틱 그릇들이 나오면서 살림살이가 컬러풀하게 변했다.

파란색과 빨간색 플라스틱 휴지통을 사 들고 갔을 때 엄마가 무척이나 좋아하던 모습이 생생하다.

단발머리 여고생인 딸이 살림에 필요한 물건을 사 온 것이 대견스럽게 보였나 보다. 그리고 플라스틱 물뿌리개를 들고 갔을 때도 좋아했고 특히 알뜰 주걱을 사용하고는 '아이고 혀로 핥은 것 같다'며 무척 좋아하셨다.

내가 처음으로 들고 간 휴지통은 초창기의 플라스틱 그릇이라 디자인과는 관계없이 그냥 휴지를 담는 단순한 통이었다. 빨간색은 큰방에 파란색은 작은방에 두고 사용했는데 내가 결혼하고 친정에 갈 때도 엄마는 여전히 그 휴지통을 사용하고 있었다. 그러고도 훗날 엄마가 돌아가신 방을 빨간 휴지통이 지키고 있었다. '아이고 살림살이 사왔네. 여자는 그래야지'라고 하던 엄마가 생각났다.

시집을 왔다.

우리 친정집 살림살이와는 많이 다르다. 큰 그릇이 많은 우리 집과는 달리 큰 그릇들이 별로 없다. 토목업을 하시던 아버지를 따라다니시며 현장 인부들 밥을 해줬던 친정엄마에 비해 시어머니는 1·4 후퇴 때 월남을 해서 단출한 살림살이였다. 말로만 듣던 핵가족이었다. 시어머니는 성격적으로 사람을 두루 사귀지 않으니 여러 사람이 모이는 일도 별로 없었고 당연히 큰 그릇이 필요하지 않았을 것이다. 엄마 살림살이에 익숙한 나는 조금 불편했다. 그래서 큰 그릇들을 하나씩 사게 되었고 그중의 하나가 스텐 찜통이다. 그 찜통 구입했을 때 뒤꼭지가 조금 가렵기도 했다. 여태 없이도 잘 살아왔는데 비싼 찜통(양은 찜통에 비해 훨씬 가격이 높았다)을 덜렁 사? 뭐 그런 시선이었다.

두 아이를 키우면서 따뜻한 물이 필요할 때마다 찜통을 자주 사용했다. 부엌이 입식으로 바뀌고 연탄 아궁이에서 연탄 보일러로 바뀌고 물을 데울 일이 줄어들면서 스텐 들통은 빨래를 삶는 일에 동원되었다. 세탁기로 빨래를 하지만 지금까지도 속옷과 타월은 꼭 삶는 버릇 덕분에 찜통은 세탁기 옆자리를 차지하고 있어 화장실 갈 때마다 본다.

언제부터인가 난 그 찜통과 약간의 대화를 나누고 있었다. '내가 살아온 세월을 가장 가까운 곳에서 오래도록 지켜보고 있구나. 네가 내 삶의 증인이네'

그런데 묘하게도 왠지 내편이 함께 있는 것처럼 위로가 되었다. 오래전 양푼의 나이를 말하던 엄마의 맘을 알 것 같았다.

해가 지려고 한다. 하던 일을 멈추고 저녁 준비를 위해 공장에서 나왔다. 기분 좋게 마당을 지나 집으로 간다. 상쾌했다. 공장에서 이런저런 일들을 생각보다 많이 해서 뿌듯했다. 현관문 앞에 섰는데 집에서 뭔가 탄 냄새가 난다.

뭐지? 문을 여는 순간 마루가 연기로 꽉 차 있다. 약간 비릿한 냄새. 그건 비누가 탄 냄새다. 아차, 빨래! 허겁지겁 창문을 열고 부엌으로 갔다. 레인지 위에 찜통 뚜껑을 여는 순간 아이고 찜통을 어쩌나 했다. 빨래가 까맣게 탔다. 내가 분명 가스불을 끄고 갔는데… 불을 낮춘 일이 생각났다. 그걸 나는 불을 껐다고 착각했던가 보다. 정신이 좀 돌아왔다. 어! 그런데 불이 꺼져 있었다. 남편이 들어와 불을 껐나? 아니지, 남편이 그 상황을 봤으면 문을 열고 환기를 시켰겠지. 그리고 당장 달려와 큰소리로 '정신 어디 두고 다니냐? 불날 뻔했잖아. 정신 좀 차리고 살아라.' 뭐 그런 지청구를 마구 날렸을 것인데 저녁 먹으러 와서도 아무 말이 없다. 이게 무슨 조화냐 싶다.

  그때 생각이 났다. 바늘구멍.

  찜통 바닥에 눈에 보이지 않는 구멍이 있다. 불에 찜통을 올리면 불꽃에 물이 떨어지는 소리가 치익치익 나다가 조용해졌다. 엄마가 말하던 바늘구멍이 있나 보다 싶어 찜통 바닥을 햇빛에 비춰봤지만 찾지 못했다. 예전에 양은 냄비에 바늘구멍은 햇빛을 통과시키며 찾았고 껌종이를 분리시키면 나오는 은박지를 돌돌 말아 바늘처럼 만들어 구멍에 넣고 앞뒤로 내려쳐서 구멍을 막아 사용했다. 요즘이야 알루미늄 테이프만 붙이면 되지만. 그렇게 열심히 찾던 바늘구멍이 가스불에 오래 노출되니 구멍이 커지고 빨래 삶는 물이 흘러 가스불이 꺼진 것 같다. 내가 아는 상식을 통해 만든 답이다.

  위에 놓았던 내의를 옮기니 아래쪽에 넣었던 타월은 쓰지 못할 정도로 까맣다. 타월 아래 찜통 바닥은 아예 새까만 숯덩이가 되었다.

숟가락으로 긁어내어 보지만 한계가 있어 하는 수 없이 까만 바닥으로 그냥 쓸 수밖에 없다. 볼 때마다 내 속 꼬라지 같다는 생각이 들기도 해서 속상했다. 쓸 때마다 '에고 미안하다' 하다가 '그 나이(내 나이)에 속에 그만한 상처도 없다면 나이를 제대로 먹었겠냐'며 위로도 해주고 '시간 가면 점점 옅어지니까 그냥 기다려 봐'라며 아는 척도 한다. 그러다가 '야! 그래도 바늘구멍 있었으니 다행이지. 바늘구멍 고맙지'라고 달랜다.

쥐도 도망갈 구멍을 남겨두고 몰아야 한다고 아버지께서 말씀하시던 생각이 난다. 사람이 살아가는 것도 마찬가지란 생각이 든다. 누구라도 바늘구멍 하나쯤 갖고 살아야 감정 폭발 사태를 막을 수 있지 않을까.

나에게 바늘구멍은 어떤 것이었을까? 나에게 바늘구멍은 사람이었다. 좋은 친구, 좋은 선후배, 좋은 이웃, 그리고 그 좋은 인연들. 그런 바늘구멍 덕분에 여전히 소중한 사람들과 함께 가고 있음에 감사한다.

chapter 3

이웃사촌

"혜정아, 우리 남편 저녁 먹고 친구 집에 놀러갔다."
"아이구 선배, 그게 뭐 이야기라고?"
"가시나야, 울 남편 칠십 평생에 밤마실 처음이라카이."
"진짜로?"
 남편의 절친이 가까이에서 살아 보고 싶다고 옆 동네로 이사를 왔다. 절친이 이웃사촌이 되면서 우리 집에 변화가 생겼다. 남편 친구를 보면서 우리 남편이 전생에 큰 복 하나는 지었나 보다라는 생각을 종종 한다. 친구는 내게 간혹 전화를 했었다.
"큰아는 잘 있소?"
"뭐 이뿌다고 큰아 챙깁니꺼. 친구해주지 마이소. 내 같으면 벌써 잘랐지."

　보편타당성과 거리가 먼 남편은 친구의 전화를 잘 받지 않는다. 물론 먼저 전화하는 일은 더더욱 없다.

　선원이었던 친구는 배에서 내려 휴가를 가질 때마다 우리 집에 와서 남편이랑 하룻밤을 자고 간다. 9년 전 남편이 심근경색으로 쓰러질 때도 마침 친구가 휴가라고 우리 집에 와서 저녁을 먹고 바둑을 두다가 일어난 일이었다. 그때 친구가 있었기에 병원 안 가도 된다는 남편을 끌고(?) 갈 수 있었다. 그 고집과 억지를 알기에 배를 타고 먼 바다를 항해할 때도 약은 제대로 챙겨 먹느냐며 내게 전화를 한다.

　"받지도 걸지도 않는 전화기는 뭐하는데 필요한고?"

　친구 전화를 받지 않는 남편을 보고 내가 퉁스럽게 내뱉는다.

　"쓸데없는 안부 전화는 뭐하러 하노. 그냥 올 때 되면 바로 오면 되지."

　그런 남편을 보면서 저렇게 살다 가려고 세상에 태어났을까? 하는 연민이 생긴다.

　1년에 안부 전화 한 통화 하는 일도 없고 차를 몰고 마을 밖으로 나가는 횟수는 손가락이 남는다. 내가 고성 밖으로 나갈 때 시외버스터미널까지 태워주는 일이 고작이다. 고성으로 돌아올 때도 사실 나는 아들이 태워주는 것이 더 마음 편하지만 그럴 때가 아니면 운전하는 것도 잊어버릴지도 모르겠다는 연민으로 남편에게 터미널에 도착하는 시간을 알린다.

"큰아가 전화를 안 받네요. 잘 있소."

남편 친구는 답답해서 다시 내게로 전화를 한다.

"전화번호를 아예 삭제해버리세요."

"그래도 이혼 안 하고 우리 친구랑 살아줘서 고맙소."

전생에 부자지간이었을까? 하는 생각을 해본다.

선원 생활을 그만두면서 우리 동네로 이사 오고 싶다고 했을 때 우리 남편 말년이나마 사람 사는 흉내 쪼매 낼 수 있겠다 싶어 대환영이라고 했다.

둘이서 바둑을 둔다. 손으로만 바둑을 두는 것이 아니라 옥신각신 말로 상대 약을 올려가면서 바둑을 둔다.

"야, 니 미친 거 아이가?"

"뭐라카노. 흉측한 놈이네."

우리는(마누라 둘이서) 그 모양을 보면서 웃는다.

"아이고 잘 만났네. 미친놈이 이기나, 흉측한 놈이 이기나 보자."

그리곤 네 사람이 한바탕 웃는다.

해거름에 하우스에서 돌아온 아들이 마루에 들어서면서 말한다.

"엄마 집에 있었네. 마당에 차가 없더니… 그럼 아빠가 차 몰고 나갔나 보네."

산 너머 친구 집에 밥 먹으러 갔다고 했더니 웬일로 아빠가 다른 사람 집에 밥 먹으러 갔느냐면서 아빠가 요즘 살판났단다. 아저씨 짝지도 아빠랑 동기니까 밥 먹으러 갔지라고 했더니

"다음에 대철이 부부 우리 동네 오라고 해야겠다. 대철이 마누라 우리 동기니까 편하겠다."

그 말이 반가웠다. 그러나 무심한 듯이 그러면 되겠네라고 대답하지만 내 맘은 다행이다 싶다. 결혼하지 않을 거라는 아들에게 알아서 하라고 태연한 척 말하지만 나중에 외로움은 어찌할까 하는 걱정이 늘 한쪽에 있다. 생각이 바뀌고 인연이 닿아서 훗날 결혼을 하기를 기도하지만 절친 내외가 이웃사촌으로 함께하는 것도 최선은 아니지만 차선은 되겠다 싶어 다행이다 싶다. 암튼 아빠는 땡잡았다고 아들이 말한다.

아빠만 땡잡은 것이 아니라 엄마도 땡잡았지. '아저씨 짝지가 음식 솜씨 좋고 반찬 만드는 것 좋아해서 부지런히 반찬 만들어 내게도 나눠주니 나도 땡잡았다'고 말했다.

나처럼 게으른 사람은 반찬 선물이 얼마나 감사한지, 절친이 이웃사촌이 되면서 뒤따르는 보너스에 마음이 느슨해지기도 한다.

큰아들 호출로 부산에 가서 손주들 이틀 봐주고 늦게 도착하여 냉장고 문을 열었더니 빛깔 고운 물김치가 한 통 들어 있다. '살림 거덜 낸다고 쫓겨나면 어쩌죠. 잘 먹겠습니다'라고 문자를 보낸다. 배추를 총총 썰어 국물과 함께 국수를 말아먹으니 시원하고 맛있다. 행복하다.

남편이 게를 잡는다고 바닷가로 먼저 갔다. 내가 세진 씨를 태우고 바닷가로 데려다 주면서 마음을 전한다.

"세진 씨가 우리 옆으로 와서 억수로 든든합니다. 고맙습니다."

"뭘요. 우리가 보통 인연이 아니라서 모여 살게 되었겠지요. 나도 좋심더."

난 늘 혹시나 남편이 쓰러지면 어쩌나 하는 불안감이 늘 있다. 그런데 친구가 옆에 있으니 마음이 좀 놓인다. 남편이 친구 집에 마실 가서 자정이 가깝도록 바둑을 두고 돌아와 차에서 내리는 소리를 들으면 잘 놀고 왔구나 싶다. 친구가 키우던 개가 차 사고로 죽어 상심이 크다고 전했다. 저녁 빨리 달라더니 차를 몰고 나간다. 가서 또 위로라는 핑계로 염장 지르지 말라는 내 말을 들을 새도 없이 휙 나가는 모습을 보며 친구가 좋긴 좋다는 생각을 한다.

절친이 이웃사촌이 되니 마음과 몸이 동시에 움직인다. 오늘도 이른 시간에 밥을 달라고 하더니 후다닥 먹고 '세진이한테 놀러간다'면서 나간다. 자잘한 일상을 늦게나마 누리는(?) 남편이 철이 든 아이 같아 보인다. 늘 친구의 전화 첫마디가 생각난다.

"큰아는 잘 있소?"

chapter 3

오래된 숙제

7월이다. 언제 7월까지 왔나?

달력을 보면서도 7월이란 것이 실감나지 않는다. 봄은 있었던가? 5월, 6월을 지나오긴 했나? 봄도 5월도 6월도 모두 그냥 코로나였다.

며칠이면 지나가겠지. 기온이 올라가면 사라진다고 했으니 여름이 오면 물러가겠지. 그러면서 차일피일 기다리는 동안 시간은 훌쩍 뛰어넘어 벌써 7월까지 와버렸다. 아차 하는 사이에 몇 달을 도둑맞은 것인가?

그동안 모내기도 끝나고 들판은 녹색으로 점점 짙어가는데 흑백사진처럼 생기가 없다. 들판을 가로질러 가야 할 바람도 코로나를 뚫지 못했는지 들판도 정지된 것처럼 보인다. 그건 내가 활기를 잃은 일상을 보내고 있다는 말일 것이다. 멍청해진다.

　3월 어느 날 부산에서 학원을 하는 큰아들이 가족을 모두 데리고 들판으로 피난을 왔다. 마스크를 쓰지 않아서 너무 편하다는 며느리와 농로를 전세 내어 마음껏 킥보드를 타고 씽씽 달리는 손주들 덕분에 활기가 돌았다. 현관에는 신발들로 어지럽고 식사 후 설거지통에는 그릇들이 수북하고 늦은 밤까지 시끌벅적하니 사람 사는 것 같았다. 아들 며느리 손녀 손자와 함께 한방에 누워 자니 오래전 울 엄마 목소리가 들리는 듯하다. '내 엉덩이에 꿀이 붙었나? 느그들 방 다 비워 두고 모두 여기서 북적거리냐' 엄마의 지청구에도 아랑곳하지 않고 잠들기 직전까지 엄마 옆에 몰려 있던 옛날을 생각하며 나언이와 동영이를 보며 웃어준다.

　코로나 덕분에 우린 같은 추억을 가지게 되니 고맙다는 생각도 들었다.

　학원을 너무 오래 닫아둘 수 없다면서 아들은 4월부터 학원을 다시 열었다. 며칠 그러다 보면 코로나도 끝날 것이란 생각을 깔고 학원을 열었는데 생각보다 쉽지가 않은가 보다. 휴원 전 학생 인원의 1/4 정도가 온단다. 부지런히 소독하면서 코로나가 빨리 가기를 기다리는 수밖에 없단다. 걱정이다. 그러나 상황이 어렵다고 해도 그런 와중에 건질 수 있는 것들도 있다.

　코로나 아니었으면 3대가 한방에서 체온을 나누는 추억을 만들지 못했을 것이다. 그 따스한 기억은 코로나19가 준 커다란 선물이다.

오래전 친정에 가면 일흔을 넘긴 엄마가 진지하게 내게 말했다.
"내가 언제까지 살아야 하는지, 빨리 죽어야 할껀데 지겹다."
나는 그냥 노인네 넋두리라고 생각했다.
"난 자식들 돈 축내면서 사는 것이 싫다. 일흔을 넘겼으면 되었지. 이제 살아봤자 자식들한테 짐이고 살림 축내는 일만 남았지."
"아들 셋 키워서 장가까지 보냈으니 이젠 엄마가 좀 받아도 되지 뭐."
"옛말에 남편 돈은 앉아서 받고 아들 돈은 서서 받는다고 했다. 아들 골 빼는 일이지. 자식들 고생하는 것도 안타깝고."
아들과 한집에 살면서 손주들을 봐줄 때는 엄마는 그래도 자신이 조금은 도움이 된다고 생각했던 것 같다. 손주들도 다 자랐고 직장 가까운 곳으로 분가를 하고 아들들이 주는 생활비를 받으니 도움도 못 주면서 받기만 한다는 생각이 엄마 자신을 힘들게 했던 것 같다.
자식이 안쓰럽고 아깝다는 생각은 자식이 어른이 되어도 여전히 마음 밑바닥에 있나 보다.
우리 집 아들들이 아빠보다 한 뼘씩이나 더 크고 몸무게도 아빠를 추월한 건장한 청년이 되었어도 무거운 것을 옮길 때면 아들이 아까워서 남편에게 부탁하는 내 모습을 보면서 엄마가 조금, 아주 조금 이해가 되었던 적이 있었다.
큰아들이 대학을 졸업하고 와서 선배 농장의 일을 도와준 적이 있었다. 아들은 월급을 받으면 내게 생활비에 보태라며 꼬박꼬박 돈을 주었다.

　난 염치없지만 받았다. 여기저기 이잣돈을 주다 보면 늘 생활비가 모자랐다. 한두 달은 고마웠다. 그런데 서너 달이 지나면서 마음이 무거워지기 시작했다. 시간이 가면서 마음은 점점 더 불편해졌다.

　오래전에 언제까지 자식 돈을 축내며 살아야 하냐고 내게 말하던 엄마의 말이 되살아났다. 아. 이런 마음이었구나. 그리고 나도 차라리 이잣돈을 쓰는 것이 낫겠다는 생각이 들어 그만 받겠다고 했다. 언젠가 아들에게 어려움이 있을 때 아들이 그랬듯이 내가 슬그머니 돈을 줘야겠다는 생각을 늘 하면서 살았다.

　코로나로 인해 반도 안 되는 학원생들로 어려운 시기를 버티고 있는 지금이 그때라는 생각이 들었다. 아들 통장으로 돈을 보냈다. 무슨 돈이냐면서 전화를 걸어온 아들에게 예전에 내게 도움을 줬던 것 갚는 것이라고 했더니 조금만 기다리란다. 곱빼기로 돌려주겠다는 아들에게 원래 네 돈인데 돌려주긴 뭘 돌려주냐고 했더니 로또 당첨되면 멋있는 차 사준다는 농담으로 고맙다는 말을 대신한다. 며느리는 꼭 필요할 때 주셔서 고맙다고 했다.

　얼마 전에 학원생은 좀 늘었냐고 전화했더니 2/3정도는 오고 있고 새로 오는 아이들이 늘고 있으니 코로나가 잠잠해지면 오히려 학생 수가 많아질 것 같다며 나를 안심시킨다.

　힘들겠지만 버텨보라고 했더니 '나만 힘든 게 아니고 세상이 다 힘드니 시간이 가면 해결되겠죠. 그때까지 열심히 해야죠'란다.

어려운 고비를 넘기면서 그렇게 아들은 속 깊은 어른이 되어 가고 있다. 고맙다.

코로나19로 일상이 무기력하고 가슴이 답답하지만 코로나로 인해 나는 가슴속에 묵혀두었던 큰 숙제를 하나 했다.

chapter 3

옥수수 1,000개 그리고…

박 – 박수 칠 때 떠나라는 말이 있지만
재 – 재미와 즐거운 시절이 지났다고 생각 말아요.
연 – 연극같이 벅찬 우리의 삶은 늘 박수받아 마땅해요. 당신을 응원해요.

일흔을 바라보는 나이에 취직했다는 나의 소식에 은희가 보내준 삼행시다.

늘 내 삶의 기준이 되었던 내 이름을 주신 아버지가 감사하다.

몇 년 전 체험학습에 접목하면 좋겠다는 생각으로 서울로 오르내리면서 독일식 수제 소세지와 떡갈비를 배우러 다녔던 것이 빛을 보게 된 것이다.

식육 가공 공장을 하는 작은아들 친구가 맛이 있다며 언젠가 자기도 한번 해보고 싶다고 하더니 몇 달 전 샘플을 만들어 달라 했고 얼마 전에 판매처를 뚫었단다.

"어무이가 도와주셔야 합니다."

판매라는 것이 서서히 확장되는 것이기에 한 달에 보름 정도면 될 것 같다는 생각이 빗나갔다. 주문량을 따라가지 못하니 토요일도 없이 매일 나가야 했다.

급기야 기계와 기구를 늘였고 적응해야 하는 우리들은 정신없이 바빴다. 하루하루가 어찌 가는지, 집에 오면 쓰러져서 자기 바쁜 날들을 한 달쯤 보내다 보니 조금씩 체계가 잡힌다.

"어무이가 안 나오시면 큰일 납니다."

그러면서 계속 '어무이'라고 부를 수도 없고 직함을 드려야 한다더니 반장님이란 직함을 하사(?)했다. 일흔을 바라보는 나이에 딸 같은 세 명의 동료들을 둔 반장님이 되었다.

살면서 자주 느끼는 사람 복이 이번에도 함께. 친정엄마인 것처럼 날 배려해주는 착하고 부지런한 동료들 덕분에 나는 행복한 반장님이 되었다.

그리고 몸살 없이 잘 버티는 나 자신도 대견하다.

− 아침 차를 마시다가 네 글을 보는데 왜 눈물이 나냐?

나, 넘 복이 많은 여자 맞제?

상윤이가 보내온 문자를 보면서 나도 코끝이 찡하다.

    – 상윤아, 난 그간 주위의 사랑과 신뢰로 버티며 살았다. 그리고 사랑 넘버 쓰리에 네가 늘 있었다.
      니가 발병하고 재발하고 투병일기를 책으로 내고, 그때마다 니가 내게 그랬듯이 나도 네게 주고 싶었다. '아이구 야야, 내가 가진 게 돈뿐인데 힘든 니가 왜?' 너스레를 떨며 완강히 밀어낼 널 알기에 그냥 무심한 듯 지내왔다. 이번에는 핑계가 되네. 첫 번째 수고료를 너와 나눌 수 있어 행복하다. 그리고 잘 버티고 있어 줘서 고맙다.

수고료를 받자마자 암 투병 중인 상윤에게 100만 원을 보냈다.

    – 마음이 넘 먹먹해서 지금은 전화 못 하겠구나.

가시나, 지가 내게 해준 것에 비하면 새 발의 피 정도인데.
  상윤의 마지막 문자를 보면서 난 종일 '고맙소'라는 노래를 흥얼거린다.
  고맙소. 고맙소. 늘 사랑하오.

아주 오래전, 30대 후반 어느 날 나는 공상에 빠져 있었다. 하늘에서 돈뭉치가 떨어지면 쓰고 싶은 곳을 하나둘 세고 있었다.

결혼하자마자 사업 실패로 여기저기 돈을 빌렸다. 내게 돈을 빌려준 친구와 지인들에게 보내고 싶은 선물 목록과 그 값을 계산하고 있었다. 결국 실천하지 못하고 그야말로 공상으로 끝났다.

이제 그 30여 년 전의 공상을 실천하려고 한다.

어려운 고비마다 물질로 도와줬던 사람들, 자신의 일처럼 마음을 모아줬던 사람들, 나를 믿고 묵묵히 지켜봐 주면서 기다려 준 친구들, 힘을 주고 싶은 후배들, 나를 믿고 밀어주기도 하고 응원하기도 하고 내가 아는 나의 점수보다 후한 점수를 주며 나를 사랑해주던 귀한 인연들, 내가 사랑하는 사람들… 적다 보니 꽤 많다.

그리고 사람들마다 다른 색깔의 정이 새록새록 살아나면서 고맙다. 감사하고 행복하다.

첫 번째 수고료를 몽땅 그들과 나누고 싶었다. 무엇을 보내줄까 하다가 마침 요즈음 월평리 옥수수가 한창이기도 하고 맛도 있어 옥수수를 보내기로 했다.

옥수수 1,000개를 사서 나눠 보냈다. 도시의 친구나 지인들에게는 옥수수가 반갑겠지만 시골에 살고 있는 그렇지 못한 몇 명에게는 내의 선물을 하기로 했다.

아무튼 첫 월급 200만 원을 그렇게 탕진(?)했다. 아니 하다 보니 몇십만 원을 더 해서 쓰게 되었지만 매우 흡족한 탕진이었다.

- 삶은 옥수수다. 냉동실에 넣어두고 한 봉지씩 렌지에 돌려서 먹
　　　　어라. 오랜 친구여서 고맙고 행복하다.
　　　- 오랜 친구 맞네. 나, 완제품 좋아하는 것 아네. 나도 고맙고 행복
　　　　하다.

먼저 받은 혜수의 문자를 시작으로 택배가 도착하는 순서대로 전화가 온다.
　아, 행복하다. 밤늦게 귀순이가 전화를 했다.

"내 친구 재연이답다. 기다려봐. 이젠 네 차례가 될 거야."
"맞제. 나도 그리 생각한다. 그럼. 여태 한 번도 못 먹었으니 이제 한 번쯤 먹을 때가 오는거지."

　과부 심정 과부가 안다고 했던가. 우린 여태껏 경제적인 것에 자유롭지 못했지만 둘 다 별일 없다는 듯 뻔뻔하게(?) 잘 버텨왔기에 함께 큰소리로 웃는다.

　　　- 야, 이 옥수수 아까워서 어찌 묵겠노.
　　　- 걱정 마. 다음 달부터 마이너스 통장도 제로를 향해 갈거고.
　　　　냉동실에 넣어두고 목 선생님이랑 기분 좋게 야금야금 먹어라.

나의 재무상태를 잘 아는 민희의 뭉뚱한 말이 사랑이란 걸 안다. 각자 다른 색깔의 사랑들이 모여 내 삶의 캔버스에서 화려한 유화가 되기도 하고 때로는 담백한 담채화도 그렸고 지금은 편안한 산수화를 그리면서 살고 있다. 덕분에 삶이 따뜻했고 지루하지 않았고 내일을 반길 준비가 되기도 했다. 잘 살았다.

그리고 30여 년 전의 황당한 꿈을 이룬 지금 난 너무 뿌듯하고 행복하다.

모두모두 고맙고 사랑합니다.

chapter 3

공 범

　고등학생일 때 신문에 사건(내용은 기억에 없다)에 대한 판결 내용이 실렸다. 주범과 공범에 대한 형량도 적혀 있었는데 엄마가 공범의 형량이 너무 적단다. 얼마나 줘야 되냐고 물었더니 주범만큼 줘야 한단다. 공범인데? 그건 아니라는 생각을 하면서 공부 많이 한 판사가 어련히 알아서 했겠냐고 했더니 '공범이 더 나빠'라고 했다. 그건 억지라고 생각했다.

　세월이 흐르면서 엄마가 말한 주범보다 더 나쁜 공범을 알 것 같았다.
　치고 빠진다는 말이 있다. 살다 보면 약삭빠른 사람은 치고 빠지고 약간의 정의감(?)과 성질 급한 사람이 도마에 올라 낭패를 보는 일을 종종 본다. 그럴 때가 공범(실질적인 주범)이 더 나쁜 것이구나. 다른 각도에서 볼 수 있는 엄마의 말이 이해가 되었다.

누군가를 나쁜 사람이라고 말한다. 계속 그 사람의 허물을 듣다 보면 그런 사람으로 인식하게 된다. 일종의 가스라이팅이다.

모임에서도 그런 사이를 종종 본다. 그러다가 너무나 사소한 일임에도 불구하고 가스라이팅 당했던 사람 눈에는 그 사람의 누적된 허물(사실은 아닐 수도 있는데)이 몰려오는 듯하여 충돌하기도 한다. 가스라이팅을 한 사람은 조용히 있는데 성질 급한 사람이 그간 들어왔던 일을 크게 만드는 일도 종종 본다. 그 상황을 알고 있을 공범(?)은 참으라면서 말리는 상황극을 만들기도 한다.

때리는 시엄마보다 말리는 시누이가 더 밉다는 말도 이런 맥락이 아닐까? 시엄마는 그래도 어른인데 내 딸, 남의 딸이란 구별을 애당초부터 하는 것은 아닐 것이라 생각된다. 어쩜 시누이의 쫑알거림에 가스라이팅 되어 남의 딸이란 거리감이 형성되는 것은 아닐까?

말리는 시누이보다 더 나쁜 시누이는 모르는 척 뒤로 빠져 있는 시누이다. 말처럼 말린다면 며느리가 자기 입장 설명을 하거나 힘들면 힘들다고 소리칠 기회라도 있지만 모르는 척하는 사람에게는 그럴 수가 없다. 만약 말을 하면 공격으로 몰릴 수도 있다. 내가 뭐라고 했냐? 난 아무 말도 한 적이 없지 않느냐고 하면 며느리가 졸지에 싸움닭이 되는 것이다. 심증은 있지만 물증이 없으니 뭐라고 할 것인가?

얄밉다.

밉다는 화가 나는 일이지만 얄밉다는 속이 간질간질한 것이다. 밉다는 어느 순간에 계산이 끝나거나 묻어버릴 수도 있지만 얄밉다는 그렇지 못한 것 같다. 잊고 있다가도 자신의 일이 아니더라도 비슷한 상황을 만나게 되면 불쑥 얄미운 감정이 되살아나기도 한다. 그건 의견이나 상황을 말할 수 있는 기회가 없었기 때문일 것이다.

모르는 척, 고상한 척하면서 다른 이를 부추기는 일은 아무나 할 수가 없다. 그러나 상관이 없는 사람이거나 조금 떨어져서 바라보는 눈에는 그것이 보일 수도 있다. 고수여서 아니면 너무 완벽한 연기여서 아무도 모를 것이라 생각한다면 그건 공범의 교만이고 자기도취가 아닐까?

참회문에 보면 알고 지은 죄, 모르고 지은 죄, 남을 시켜 지은 죄를 참회해야 한다고 적혀 있다.

남을 시켜 지은 죄는 행동으로 옮긴 사람이 주범 같지만 남을 조정하고 뒤에 빠져 있는 사람이 주범이란 생각이 든다. 실행한 사람은 다른 사람으로부터 비난이라도 받지만 남에게 시킨 사람은 그것조차도 없다.

어른들이 말하던 '맞은 놈은 오히려 다리 뻗고 잔다', '핍박 받는 자는 복이 있나니'의 상징적인 의미를 생각해본다. 비난은 형벌 같아서 죄의 무게를 드러내는 일이 될 수도 있지 않을까? 비난이 반성의 계기가 될 수도 있지 않을까? 그러나 눈에 띄지 않는 치고 빠짐은 반복할 수가 있다. 그리하여 엉뚱한 사람들이 상처를 입게 되는 것이다. 조심해야 될 일이다. 반복하면 안 되는 일이다.

 공범이 더 나쁘다는 말은 공범이 엉뚱한 주범을 만들 수 있다는 말인 것 같다. 부추김이 없었다면 긴가민가하다가 그만둘 수도 있고 조금 더 참아 보다가 다시 반복되면 그때는… 이라는 늦춤도 있을 수 있고 그 늦춤의 시간에 반성이란 새로운 방향 전환의 기회가 생길 수도 있지 않을까? 억지일까? 아니 희망사항일 수도 있겠다.

 공범이 있어 주범의 액션이 커지는 일도 있다는 생각이 든다.

 일상에서 알게 모르게 공범이 되어 다른 사람의 마음에 상처 주는 일이 없도록 자신을 살펴볼 일이다.

 하늘이 알고 땅이 안다는 말은 살면서 곱씹어 봐야 할 말이 아닐까?

chapter 3

칠 순

나는 올해 오랫동안 풀지 못했던 의문이 칠순이 되면서 하나 풀렸다.

그해는 설날이 한참 지난 정월 대보름날 친정 부모님께 세배를 갔다.

"재연아, 나 올해는 갈란다."

왔냐? 잘 지냈냐? 시어머님은 건강하시냐? 등등 일상의 인사를 생략하고 올해 가신다는 말에 '에이 아버지도'라고 대꾸를 하려다가 뭔가 느낌이 달라서 그냥 아버지를 마주 보며 머리로는 그럼 올해가 얼마나 남았는가를 계산하고 있었다. 지금이 정초니까 일 년쯤은 남았나?

며칠 뒤 막냇동생이 전화를 했다. 병원에 가시자고 해도 한약을 지어드리겠다고 해도 안 하시려고 하니 날더러 아버지께 전화를 좀 해 보란다.

"아들들이 약 지어주면 그냥 못 이기는 척하고 드세요."

"이제 곧 갈 텐데 쓸모없이 자식들 돈을 낭비할 필요가 없지."

당장 내일이라도 떠나실 것처럼 완강하셨다.

그리고 며칠 뒤 친정에 와서 아버지 옆에서 하루 자고 가라는 엄마의 전화를 받고 곧장 친정으로 갔다.

왼쪽으로 마비가 왔고 언어 능력을 잃어 말은 못 하시지만 여전히 초롱초롱한 눈빛으로 반가움을 대신하시는 아버지를 보면서 금방 가시지는 않을 것 같다고 생각했다.

"올해 겨울 딸이 보내준 잠바라고 매일 입고 좋아했다."

아버지 머리맡에 걸린 잠바를 가리키며 엄마가 아버지 맘을 전하자 빙그레 웃으신다.

아버지 옆에서 하루 자고 내려오려니까 엄마가 전화번호 3개가 적힌 노트를 내민다. 며칠 전 엄마 전화부 노트에 아버지 친구 전화번호를 적어둔 걸 보니 친구분들이 보고 싶은가 보다며 전화를 하란다.

그리고 사흘 뒤 아버지께서는 한 달도 못 채우시고 정말 가셨다.

아버지 장례를 치른 후 삼우날이었다.

아버지 친구분들은 다녀가셨는지 궁금해서 엄마한테 물었다.

전화를 받고 두 분은 바로 오셔서 보고 가셨고 한 분은 늦게 오셔서 못 봐서 하루만 빨리 왔어도… 라며 많이 울고 가셨단다.

"그런데 너희 아버지가 친구와 만나는 모습이 혼자 보기 아까운 구경거리였다. 죽을 느그 아버지보다 더 송장 같은 영감이 지팡이를 짚고 숨을 헐떡거리며 와서 느그 아버지랑 손을 맞잡고 흔들면서 좋아하는데 혼자 보기 아까웠다. 송장들이 그렇게 좋아하더라."

우리 집이 큰길에서 비탈진 골목을 한참이나 올라와야 하니 팔순 노인이 지팡이를 짚고 그 오르막을 오르면서 얼마나 힘들고 숨이 찼을까? 친구와 마지막 만남일지도 모른다는 생각에 마음은 급하고 다리는 느려서 더 힘이 드셨을 것이다. 그렇게 숨차게 오셔서 숨을 고를 여유도 없이 그저 친구 손을 잡고 좋아하는 모습이 얼마나 감동적이었을까? 해학적인 울 엄마 이야기에서 그 광경이 선명하게 느껴졌다.

그런데 문득 내가 이해가 안 되는 부분이 있었다.

내가 전화를 드릴 때 분명하게 아마도 아버지와 마지막이 될 것 같다고 말씀을 드렸으니 죽기 전에 친구 마지막 얼굴을 보러 온 것인데 마지막이라는 슬픔의 감정은 없었나?

아버지도 그렇지, 올해는 간다고 말했으니 마지막이란 생각도 하셨을 텐데 그렇게 반갑기만 했을까? 그런 아버지도 이상했다.

아무튼 살면서 문득문득 그럴 수 있을까? 하는 의문이 들었다.

나는 올해 칠순이 되면서 갑자기 마흔넷부터 가졌던 의문이 풀렸다. 죽음을 앞두고 이별에 대한 걱정보다 친구를 만나서 좋기만 했던 아버지가 한순간에 이해가 되었다.

다음을 걱정한다고 지금을 제대로 챙기지 못하면 그것이 시간의 낭비라는 생각이 한순간에 들었다. 다음보다는 지금이 얼마나 귀하고 절실한 것인가. 그때는 아버지를 이해하기엔 내가 어렸었다는 생각이 든다. 지금을 살아야 한다는 이론은 다 알고 있지만 지금만을 온전하게 살아간다는 것은 힘든 일이다. 지금에 마음을 붙잡아 둘 수 있고 지금에 만족할 수 있는 연륜인 칠순이 되어서야 나도 아버지같이 친구와 그저 반갑고 좋은 마음으로 이별을 할 수 있으면 좋겠다는 생각을 한다.

나이를 먹는다는 것이, 늙는다는 것이 슬픈 일만은 아닌 것 같다. '오래 살아라' 하는 말은 단순히 수명을 말하는 것이 아니라 오래 살아야 자연스레 만날 수 있는 감정들과 감동을 가질 수 있음에 대한 덕담인 것 같다. 그렇게 늙어가면 죽음도 자연스레 만날 수 있지 않을까.

칠순이란 숫자가 다른 각도에서 삶을 보게 하는 것 같다. 친구랑 전화를 하면서 '야, 우리 이제 생전에 스무 번쯤 만날 수 있을까?'라고 말한다.

어쩔 수 없이 우리들에게 시간이 그리 넉넉하지 않다는 것을 인정한다. 그래서 지금이라는 바로 코앞의 순간이 얼마나 귀한 것인가를 실감한다. 기회 되면 얼굴 보면서 살자. 아니 기회를 만들어서라도 얼굴 보자면서 전화를 끊는다.

올해 들어 1박 2일 정도에 알맞은 가방을 하나 샀다. 거창한 여행이 필요한 것이 아니라 틈나면 친구들과 만나 일박하면서 얼굴 맞대고 실컷 이야기하고 맛있는 음식 먹고 헤어지는 만남을 자주 하고 싶어서 가방부터 장만했다. 내 생각에 공감하는, 아니 우리들의 세월에 같은 생각을 하게 되는 친구들이 내가 시골에 있어 훌쩍 오기가 좋단다.

마침 신월리에 있는 오션스파가 친구들과 일박하기에 참 좋다.

호수 같은 잔잔한 바다도 이쁜데 밤이면 해지개 다리에 조명이 들어와서 색다르고 아침이면 사우나에서 따끈한 물에 몸을 담그고 노닥거리며 피로를 풀 수 있는 덤이 있어 좋다.

친구들도 만족하며 또 불러만 주면 오겠단다. 그렇게 올해 1박 2일을 네 번이나 했다. 헤어질 때 인사는 언제나 똑같다. 하루하루씩만 열심히 살고 건강 잘 챙기고 있다가 또 보잔다.

영란이와 함께 일박을 하고 간 인순이가 참 좋았다는 전화 끝에 명언 같은 문자를 보냈다. 우리들의 마음을 한 줄로 요약해서 문자를 보냈다.

"칠순은 하루살이의 시작이다!"

chapter 3

매듭

 나는 비닐 봉투 정리를 잘한다. 물건을 꺼내자마자 비닐 봉투를 납작하게 공기를 빼고 길이대로 몇 번 접고 다시 사용할 때 쉽게 풀 수 있게 꼬리를 남기고 납작하게 묶는다. 그렇게 정리한 비닐 봉투가 많이 모이면 장날 노점에서 야채를 파는 할머니께 갖다 드린다.
 "아이구, 새댁이가 손끝이 야물다."
 여고 동기회에 가서 50대가 되어서도 새댁 소리 듣고 싶으면 시골로 이사 오라고 했고 '너는 좋겠네 새댁이라서'라며 웃었던 기억이 있다. 이제는 새댁이란 말은 못 듣지만 여전히 야무지다는 소리는 듣는다.
 물자가 귀하던 6,70년대를 지나온 사람들은 재활용이 습관화되어 있다. 어릴 때 색종이 귀를 맞추고 반듯반듯하게 종이접기를 좋아했고 시키지 않아도 신문지를 잘라서 화장실에 걸어두는 일을 즐겨 했던 나의 습성 때문인지 쫙쫙 펴고 접고 부피를 줄여 정리하는 것은 잘한다. 나더러 짐 꾸리기도 잘한다는 친구들을 향해 삼화공대(당시에 부산에 신발을 생산하는 삼화고무 회사가 있었다) 포장과 나왔다고 우스갯소리도 했다.

모든 것이 귀한 시절이었다.

엄마는 물건을 묶은 노끈을 가위로 싹뚝 자르지 말고 풀라고 했다. 가위로 자르면 끈의 길이가 짧아져서 다음에 사용하기가 어렵다고 했다. 그리고 묶을 때 미리 잘 풀 수 있게 꼬리를 남겨 두라고 했다. 그때는 보자기를 많이 사용했다. 잘 풀리지 않아 낑낑거리면 남은 꼬리를 반대 방향으로 꼬아서 밀어내면 된다고 하시면서 아예 풀 때를 염두에 두고 미리 잘 풀릴 수 있게 묶는 방법을 알려줬다. 오른손에 잡은 꼬리를 위로 다음엔 왼손을 위로 올려 묶으면 매듭이 깔끔하다. 보자기 꼬리가 보자기와 같은 방향으로 묶어져서 매무새도 단정하다. 풀 때도 꼬리 하나를 반대쪽으로 낚아채듯 휙 올린 다음에 아래쪽을 잡아당기면 반대편 고리가 쑥 빠진다. 마치 넥타이가 스르르 풀리는 것 같은 매듭이었다.

엄마는 잔소리나 간섭을 잘하지 않는다. 간혹 하지 말라고 하는 것들은 예상 밖의 것들이 있었다.

내가 노래를 부르면 유심히 듣고 있다가 그런 노래는 부르지 말란다. 이유는 그 내용이 울고 짜고 헤어지는 가사가 좋지 않단다. 그런 것 빼면 유행가 몇 곡이나 남을까 싶었다.

그릇의 밥을 한꺼번에 거꾸로 빼는 것도 금지다. 숟가락으로 살짝 들어서 바로 빼야 된다. 밥그릇 꽉 엎는 것이 아니라는 말에서 엄마는 말이 주는 뉘앙스를 중요하게 생각하는 것 같았다. 말이 가지는 에너지가 중요하다는 말을 들을 때 엄마가 생각나기도 한다.

내가 스스로를 평가해 보면 나름 응용력은 괜찮은 것 같다.

중학교 때 물상 선생님은 시험 성적이 좋은 아이들 이름을 3학급 (우리 학교는 상·하반으로 나눠져 있었고 3반이 상반이었다)에 알리곤 하셨다. 물상 성적을 올리고 싶어서 그랬겠지만 뭐 바람직한 일은 아니었던 것 같다. 그런데 매번 그 속에 내 이름도 끼어 다른 반 아이들까지도 내가 공부를 잘하는 줄 알았다. 물상 성적이 좋았을 뿐인데. 친구들은 물상의 원리가 어렵다고 했는데 난 그럭저럭 이해를 잘했다. 어른이 되어서 뒤돌아보니 난 물상을 국어처럼 했던 것 같다. 어떤 법칙을 설명하면 나는 사람들이 살아가는 모습들을 대입시키면 이해와 함께 법칙이 외워졌다.

살아가는 것도 그랬다. 그래서 물상의 원리를 삶에 적용하기도 했다.

질량불변의 법칙과 에너지의 원리를 내 삶에 응용했다.

일찍이 나는 돈이나 명예와 권력 같은 것(위치 에너지)은 거리가 먼 삶이란 생각이 들었다. 그렇다면 나의 질량을 어떻게 쓸 것인가? 위치 에너지를 열 에너지(마음, 사람, 정)로 바꾸는 방법이 최선이란 생각을 했다. 그 덕분에 사람 부자라는 소리를 듣고 살았던 것 같다.

 엄마는 넋두리처럼 여자는 똥재료(밥과 반찬) 만들다가 나이 먹는 줄도 모르게 늙어 버린다고 말했다. 그래도 밥을 제대로 하는 정성이면 못 넘을 것이 없다고 했다.

 어느 날부터 밥을 담을 때마다 밥그릇의 주인을 생각하기로 했다. 가족이라고는 하지만 오롯이 한 사람을 생각하는 순간이 없음을 알아차리고 엄마의 '밥을 제대로 하는 정성이면'을 기도에 응용하기로 했다. 주걱으로 한 세 번쯤으로 나눠 밥을 담으면서 시어머니, 남편, 큰아들, 작은아들 그리고 나를 떠올리는 것으로 기도를 대신했다. 괜찮은 방법이라고 생각했다.

 매듭도 그랬다. 내가 열 에너지를 생각하면서 응용했던 가장 오래된 방법이다. 그리고 죽는 날까지 사용해야 할 소중한 것이기도 하다.

 오래전부터 사람을 좋아하는 나는 인간관계에 대한 나만의 방법이나 규칙 같은 것이 있어야겠다는 생각을 많이 하면서 매듭이 중요하다고 생각했다. 일단 아무렇게 묶지 말고 (결이 맞는 사람들과 인연을 만들고) 풀 때를 생각해서 미리 잘 묶고 (사람의 일이란 알 수 없으니 시작도 신중하게 하고) 한쪽 꼬리를 툭 올리면 술술 풀어지게 묶고 (인연이 다되어 아니라고 하면 스르르 보내주고) 가위로 싹뚝 자르지 말자 (뚜렷한 이유도 없이 내가 먼저 상대를 밀어내지는 말자)는 인간관계의 매듭을 가지면 무난하겠다고 생각했다.

그렇게 사람 관계를 하려고 했다. 그래도 나의 실수로 다른 이에게 상처를 남기기도 했겠지만 기본은 지켰다고 생각한다. 그건 나를 싫어하는 사람보다는 나를 아껴주는 인연이 더 많아 그런대로 남는 장사를 했다는 생각을 하면서 남은 시간도 그렇게 아름다운 매듭을 만들려고 한다.

chapter 3

뽕스 클럽

"나는 뽕 하러 갑니다. 밥은 차려뒀고요."

컴퓨터 앞에 앉아서 유튜브에 빠져 있는 남편에게 큰 소리로 말했다.

"천 원짜리 필요하나?"

괜찮다고 했더니 다시 컴퓨터 화면으로 빠져드는 것을 보며 나는 휭하니 차를 몰고 은실이 집으로 간다.

연휴 3일 동안 비가 계속 내린다. 오늘 아침도 무료하겠다고 생각하고 있었는데 고맙게도 은실이가 나를 밖으로 불러 준다. 은실이는 옥수 씨랑 함께 식탁에서 얇은 소고기 위에 야채들을 올리고 돌돌 말아서 큰 전골냄비에 동그랗게 쌓고 있었다.

"손이 많이 가는 음식이네. 일찍 부르지."

일손을 거들려고 했더니 이제 몇 개만 하면 되니까 그냥 두란다. 가스레인지에 전골냄비를 얹고 불을 켜자 마침 순희네 부부가 들어온다. 순희는 들어오자마자 비 오는 날에는 부추전이 딱이라는 말과 함께 부추전을 부치기 시작한다. 순희는 큰 덩치와는 달리 민첩했다. 말만큼이나 편하게 음식도 수월하게 만든다. 아기자기한 은실이가 밥을 푼다. 톳이 들어간 밥을 푸더니 미리 삶아 손질해 둔 거북손을 얹어 준다. 잘 끓여진 소고기 두루마리 전골냄비를 가운데 올리고 6명이 둘러앉는다. 원래 7명인데 필리핀 여행 중인 진희 씨가 빠졌다.

멀리 있는 친척보다 이웃사촌이라는 말이 있다. 준회원 같은 나는 이웃사촌에 좀 늦게 합류를 했다. 옥수, 은실, 순희까지 부부 세 팀은 이미 오래전부터 호흡이 잘 맞는 단단한 팀이다. 그들의 모임 중간중간 한 번씩 순희네 집이나 은실네 집에서 모일 때면 건달꾼처럼 기분좋게 뭉친다.

양념장 올린 비빔밥에 육수의 진한 맛까지 우러난 소고기 전골, 그리고 부추전까지 배가 부르도록 먹었다. 설거지는 태석 씨 몫이라며 손대지 말라고 하고 우린 설거지가 끝나길 기다리고 있었다.

식사가 끝나면 2차 행사가 기다리고 있다.

식탁 위에 푸른색과 흰색으로 된 바둑판 무늬가 있는 담요(순희네는 그린색 담요)를 깔고 화투가 등장한다. 그리고 우린 뽕을 시작한다.

　여러 가지의 이야기와 각각 다른 몸짓에 웃음이 뒤따른다. 한 판이 끝날 때마다 집계되는 점수에 신경을 쓴다. 엎치락뒤치락하는 점수가 재미가 있다. 그렇게 한참의 시간이 흘러 집계된 점수 따라 등수가 매겨지고 벌금을 낸다. 두세 시간 즐겁게 놀고 그날 모인 벌금은 다음 만날 때 맛있는 것을 장만하니 참 놀 만하다.

　오늘은 며칠 전 항암 치료하고 온 태석 씨 잡념에 빠지지 말라고 뽕판을 열고 애교까지 부리며 분위기에 빠져들게 한다. 별일 없는 듯이 위로해주는 이웃사촌들이 아름답다.

　그 세 팀은 모두 캠핑카를 가지고 함께 여행을 자주 다닌다. 보기 좋다. 현창 씨가 여행도 함께 가자고 권한다. 현창 씨 맘이 따뜻하고 고맙다. 그러나 남편이 집돌이라서 나 혼자 다니기가 곤란하다고 말했다. 섭섭해하는 현창 씨의 맘을 안다. 다른 사람들도 같은 마음이라는 것도 알기에 이웃사촌의 정을 더욱 깊게 실감한다. 여행까지는 함께 못 해도 간간이 나를 불러주는 뽕스 클럽이 고맙다. 좋은 이웃사촌은 노년의 무료함을 활기와 안락함으로 보장해 주는 보험 같다.

chapter 3

할 매

 할매는 요즈음 나를 행복하게 만들어주는 호칭이다.
 나언이와 동영이는 현관문을 열고 들어올 때면 엉덩이를 약간 뒤로 빼면서 머쓱한 얼굴로 "할아버지 할머니 안녕하세요"라며 마루로 들어온다.
 가방에서 각자 가지고 온 물건들을 하나씩 마루에 늘어놓고 내게 설명을 하면서 말문이 트인다. 사이렌 소리를 요란하게 내며 구급차가 마루를 몇 바퀴 돌고 나면 녀석들의 목소리가 높고 크게 바뀌면서 할매라고 불러댄다. 녀석들이 부르는 할매는 이제 함께 놀자는 신호다.
 할매라고 부를 때마다 나는 조금씩 다른 목소리로 대답을 한다.

높은 목소리로 네네, 낮은 목소리로 와아, 길게 왜요, 짧고 높게 스타카토로 응, 그러다가 못 들은 척 외면하고 있다가 얼굴을 휙 돌리며 네… 등등 느낌과 표정을 조금씩 다르게 할 뿐인데 대답할 때마다 깔깔 넘어가는 녀석들을 보면서 아이의 순수성이 참 좋다고 생각한다.

열두 번도 더 변하는 것이 아이라더니 올 때마다 다르다. 신기하다.
까톡. 동영상이 왔다. 이제 17개월인 나언이가 가위로 색종이의 그림을 오려내고 있다. 너무 잘한다. 그것도 왼손으로. 동영상을 찍으면서 좋아하는 며느리의 웃음소리도 행복하게 들린다. 우리 집에 올 때도 가위와 색종이를 챙겨 왔고 상상 이상으로 가위질을 잘하는 것이 신통해서 동그라미도 그리고, 네모도 그리고, 사과도 그려서 오려보라며 열심히 바라보기도 했다. 나언이 가위질 정말 잘하네. 칭찬이 나도 모르게 나올 정도였다. 자랑을 안 할 수가 없어서 동영상을 친정 언니한테 보냈더니 17개월에 이렇게 가위질 잘하는 아이는 처음 봤단다.
한동안 가위질에 빠졌던 나언이가 말이 늘어나면서 놀이가 달라졌다. 인형과 말을 주고받더니 갑자기 엄마 놀이를 하잖다.
"내가 엄마니까 할머니는 아빠 해."
"알았어."
"아니야. 그렇게 하는게 아니야. 할머니가 아빠니까 '알았어 여보'

라고 해야지."

아이쿠. 큰일이 났네. 난 아직 여보라는 소리를 한 번도 한 적이 없는데 아무리 소꿉장이라고 해도 여보라는 말이 어색해서 할 수가 없다. 머뭇거리는 내게 빨리 여보라고 하란다.

"여보."

할 수 없이 부르긴 했지만 스스로 어색해서 간지럽다. 네 살짜리를 이길 수 없었다.

손녀 덕분에 평생 한 번도 부르지 못했던 여보 소리도 해봤다.

나언이가 다섯 살이 시작되는 쌀쌀한 2월 어느 날이었다.

큰아들이 작은아들 하우스 일을 도와주러 오면서 나언이를 데리고 왔다.

그때 나언이는 한참 스카치테이프에 빠져 있어 오자마자 테이프를 줬다.

테이프를 잘라주면 그림을 그려 붙이기도 하고 이쪽저쪽 테이프를 붙여서 입체적인 것들을 만들기도 했다.

"할매 이거 뭐야? 내가 가지고 놀아도 돼?"

잠깐 부엌에 왔었는데 어느새 부엌까지 따라 나왔다. 서랍에서 초록색 리본 테이프를 들고 왔다. 돌돌 말린 리본 테이프를 풀기 시작했다. 나중에 떼어낼 때 흠집이 나지 않게 벽지에는 붙이지 말라고 일러주며 테이프를 조금씩 잘라줬다.

"나언아, 우리 거미줄 놀이 할까."

"거미줄 놀이? 어떻게?"

문, 책상, 서랍장, 침대, 액자에만 붙이는데 마음대로 지그재그로 붙이고 높게 낮게 얼기설기 붙이라고 가르쳐줬다.

신이 나서 방 이쪽저쪽을 뛰어다니며 초록색 줄을 쳤다. 까치발로 키보다 높게도 붙였다.

"이제 이 거미줄에 걸리면 안 되니까 조심조심 다녀야 한다."

낮은 줄은 넘어가고 건너기에 높은 줄은 밑으로 기어다니며 놀았다. 깔깔대며 좋아하는 나언이와 박자를 맞추다 보니 겨울인데도 땀이 난다.

기어다니고 고개를 숙이고 건너다 보니 허리가 아프다. 좀 쉬어야겠는데 재미를 붙인 나언이는 쉴 생각이 없다.

"나언아, 거미줄에 걸린 파리와 모기도 만들자."

"좋아. 그런데 어떻게?"

연등을 만들 때 쓰던 종이 연꽃잎을 꺼내어 테이프로 줄에 걸라고 했다.

빨간색은 파리, 노란색은 모기, 연두색은 뭘로 할까?

"으음 나방이."

밖이 추워 나가자고 하면 어쩌나 싶어서 시작한 놀이였는데 푹 빠져 시간 가는 줄 모르는 나언이를 보면서 하루 잘 보낸다는 생각을 한다.

집으로 들어온 남편이 우리 꼴을 보면서 한마디 한다.
"할매가 더 잘 노네."

언이가 6살, 동영이가 4살이 되면서 이제 두 녀석이 함께 온다.

동영이는 나이에 비해 작지만 움직임은 활발하다. 파리채 하나 들고 흔들며 파리를 잡는다고 여기저기 내려치며 마루를 뛰어다닌다.

간혹 누나를 툭 밀치고 모르는 척하는 녀석을 보면서 '머슴아라고' 생각하며 혼자 씨익 웃는다. 파리채 하나만으로도 저렇게 즐거울 수 있는 동심은 참 건강하고 아름답다.

녀석는 기분이 좋으면 마구마구 할매라고 불러댄다. 그건 놀이에 만족한다는 것이기도 하고 함께 놀아줘서 고맙다는 표현이기도 하다. 때때로 씨익 웃으며 할매! 할매! 부를 때 보면 할머니란 호칭보다 할매라는 호칭이 격의 없이 가깝다고 느끼나 보다.

연신 할매를 부르다가 내 손을 잡으면서 뜬금 없이 '할매, 우리 집에 놀러와' 한다.

감동이다. 그래. 그래 하면서 녀석을 꼭 끌어안아 주는데 '할매 이건 뭐야'라며 나언이가 뭔가를 들고 온다. 케이크 상자를 묶었던 황금색 테이프를 언제 쓸 수도 있겠다 싶어 돌돌 말아 둔 것을 찾아 들고 왔다.

나언이가 머리에 끈을 묶어 달란다. 리본이 나언이 키보다 길어 바닥에 끌린다.

언젠가 녀석들과 본 만화가 생각났다. 여자 주인공의 머리가 키보다 길었다.

"나언이가 라푼젤이 되었네."

내 말이 끝나기도 전에 나언이는 라푼젤이 되어 마루를 달리기 시작했다. 나는 팔을 벌려 '오! 라푼젤'이라고 불러주거나 허리를 살짝 낮춰 인사하면서 낮고 굵은 목소리로 '우와! 라푼젤'이라고 해주면 나언이는 함박웃음을 지으며 씽씽 달린다. 그 뒤를 동영이도 함께 달린다.

녀석들을 보면서 아직은 할매 노릇이 쉽다고 생각한다.

그렇게 종일 뛰고 달리고 매달리는 녀석들과 시간을 보내다 보면 하루가 짧다.

집으로 돌아가는 시간이 되면 괜히 짜증을 부리며 아빠를 힘들게 한다. 녀석들도 헤어짐에는 아직 익숙하지 못하다.

시무룩하게 차에 앉아 할매도 부르지 않고 마지못해 손만 흔드는 녀석들에게 고개를 끄덕여준다. 뭐라고 말하면 울음보가 터질지도 모르겠다.

"또 와라. 할머니도 놀러갈게."

떠나는 차 뒤꽁무니가 보이지 않을 때까지 손을 흔들어 준다.

할매, 삶의 순서로 자연스레 찾아온 할매. 참 좋다. 내일이면 녀석들이 눈에 삼삼 아른거릴 것이다.

chapter 4

영우도

chapter 4

소박한 꿈

　오늘 아침에도 마당에 나갔다가 들어오는 남편의 손에 오디가 들려 있다.
　"보약이다 생각하고 먹어라."
　마당에 열매가 열릴 때마다 만나는 일상이다. 마당에는 열매가 열리는 나무들이 많다. 먹을 것이 달리는 나무를 우선으로 생각하는 남편 덕분이다. 매화꽃이 피고 앵앵두꽃이 구름처럼 필 때부터 남편은 행복하다.
　손자들에게 과일들을 따보라고 할 욕심에 혼자서 미리 설레곤 한다. 매실, 앵앵두, 오디, 보리수, 복숭아, 자두, 살구, 비파, 포도, 감, 대추, 키위 그리고 토종 다래까지… 그것도 모자라는지 마당의 까마

중까지 들고 와서 아이들 앞에 대령이다.

　남편의 어릴 때 꿈이 시골에 사는 할아버지였단다. 월남 가족이라 친척도 별로 없고 요즘 말하는 핵가족으로 살았던 남편은 방학이 끝나면 시골 친척집에 다녀오는 친구들이 부러웠단다. 기차역 가까이에 살았던 남편은 가을이면 감이 주렁주렁 달린 가지를 들고 기차에서 내리는 사람들도 부러웠단다. 그래서 자연스레 시골 할아버지가 되는 아주 소박한 꿈이 생겼고 바람대로 시골에 살면서 과일 나무들을 심었다.

　주말에 손자들이 왔다. 오디가 하나둘 익어가고 있었다. 먼저 익은 오디를 따서 입술을 까맣게 물들여가면서 먹는다. 조금 덜 익은 오디를 하나 따서 손녀의 손톱에 빨갛게 칠해줬더니 열 손가락 모두 내민다. 빨간 손톱 열 개를 폰에다 담았다.

　남편이 풀때기를 들고 온다. 까마중이 달린 채로 물에 씻어서 물방울이 떨어진다. 손녀가 맛있다고 잘 먹으니 남편은 기분이 좋은가 보다.

　아이들이 돌아가고 오디가 많이 익기 시작하자 아이들도 주고 도시에 사는 친구들에게도 보내려고 오디를 따서 냉동실에 차곡차곡 넣어 얼린다.

　택배 받으면 아이처럼 좋아할 주희 얼굴이 떠오른다. 내가 시골살이하면서 받는 보상이기도 하다.

곧 뒤따라 보리수 열매가 빨갛게 주렁주렁 열렸다. 열매가 너무 많이 달려서 가지가 휘어 땅에 닿기도 한다.

아랫마을 순희와 고개 너머 태석 씨를 불러 보리수와 오디를 따 가라고 했다. 많다고 하는 태석 씨에게 '은실이랑 싸우지 말고 나눠 먹어'라는 순희의 농담까지 함께 담아서 보냈다.

우리 면에 복지 차원으로 목욕탕이 생겼다. 예전에는 읍까지 가야 목욕을 할 수 있었다. 새벽부터 목욕을 가는 읍 사람들이 부러웠는데 이젠 나도 눈뜨자마자 뜨거운 물에 몸을 담글 수 있어 참 좋다. 뿐만 아니라 자주 만나지 못하는 이웃들을 만나는 곳도 목욕탕이다. 출근 전에 목욕을 오는 은석 씨를 만났다.

"언니 집 보리수 맛있더라."

"우리 집에 안 왔었잖아? 어찌 알아?"

기타 배우러 은실 씨 집에 갔더니 언니 집에서 따왔다며 내놓더란다. 보리수는 시고 떫은맛이 난다 싶어 오디만 먹다가 나중에 먹었는데 안 떫고 맛있더란다.

"직장생활에 바쁠텐데 기타 시작했나 봐. 잘했네."

어느 날 아들에게 기타를 배우고 싶다고 했더니 아들이 기타를 보냈더란다. 기타 생긴 김에 일주일에 한 번씩 몇 명이 모여 기타를 배우는 은실이네 집에 합류를 했단다.

"잘했네. 아들이 효자네."

일찍 혼자 되어 아이들 키우고 다 자란 아이들은 각자 도시로 나갔다. 시골에서 혼자 사는 엄마를 위해 기타를 보내는 남의 아들이 고마웠다. 그리고 부모가 편부, 편모이면 마음 한구석엔 늘 부모님 생각을 하고 지내야 하는 것에 짠한 마음도 들었다.

갑자기 함께 늙어가고 있는 남편이 고마웠다. 부모님이 함께 있으면 부모 걱정은 미뤄도 되는 것이니까 아들에게 짐 하나는 덜어줘서 다행이란 생각이 들었다.

간혹 우스갯소리로 우리 남편은 성공한 삶이라고 말한다.

남편은 시골로 들어올 때 내세운 조건이 땅값이 오르지 않는 곳이었다.

그 조건에 맞는 비포장 도로를 찾아서 지금의 동네로 왔고 한려수도의 한 자락인 자란만은 청청해역의 일부여서 공장은 물론 규모가 큰 축사도 안 되는 곳이다. 남편 말대로 진짜로 땅값이 안 오르는 곳이다. 남편의 원처럼 공기가 좋은 곳이다. 시골 할배의 꿈도 이루었고 땅값도 오르지 않는 청정한 곳에 사는 꿈도 이루었으니 그만하면 성공한 삶이지 뭐 별것 있냐고 말한다. 게다가 마당엔 먹을 과일들이 순서를 기다리고 있지 않은가.

마당에서 나오는 과일이 전문적으로 키우는 과일만큼은 안 된다. 그래도 그 과일들 남편 눈치와 성화에 밀려 먹는데 간혹은 시장에서 파는 제대로 된 과일이 먹고 싶기도 하다. 그러나 우리 집 과일에 밀려 다른 과일 사 먹기도 좀 그렇다. 그럴 때 우리 집을 찾는 지인들이 과일을 사오면 합법적으로 먹을 수 있어 좋다. 그래도 어쩔 수 없다.

손자들 줄 생각에 들떠 있는 남편을 보면서는 할배의 꿈 맘껏 누리고 아들들 걱정 안 하게 건강하게 살기를 바랄 뿐이다.

　마지막 비파가 가지에 몇 개 달려 있다. 다음 과일이 나올 때까지 좀 주춤해진다. 마당에 몇 그루 심은 방울토마토가 익기 전에 얼른 참외랑 귤을 사다 먹어야겠다.

　그래도 남편은 소박한 꿈에 동참해주는 눈치니까 기꺼운 맘으로 동참을 한다.

chapter 4

마지막 편지

어느 날 아침 나도 모르게 자연스레 나오는 기도.
- 상윤아, 이제 모든 애착 내려놓고 뒤돌아보지 말고 편안한 마음
 으로 가.

 살아서 보는 마지막 만남이라는 생각에 이른 아침에 두서없이 편지 한 장을 적어서 서울행 첫 버스를 탔다. 한낮에 서울대학병원에 도착했다.
 찬경이가 밀어주는 휠체어에 몸을 싣고 나올 상윤이를 기다리는데 나의 예상과는 달리 링거가 달린 스텐 지지대를 잡고 천천히 걸어온다.

아! 다행이다.

후다닥 달려가는 나를 향해 희미한 미소를 힘겹게 잠깐 보인다. 안도했던 마음이 순식간에 사라졌다. 체력이 바닥이 났구나. 나란히 의자에 앉으며 '온다고 힘들었제'라더니 가만히 눈을 감는다. 말할 기력도 없나 보다. 나도 말없이 상윤이 손만 만지작거린다.

"백향과 가져왔나?"

"당연히 가져왔지."

가방에서 백향과가 든 비닐봉지를 건네는데 가슴이 아린다. 항암으로 입맛이 떨어져 음식을 삼키기가 힘들 때도 백향과는 먹을 수 있다고 해서 백향과를 보내주곤 했었다.

지난번에 면회 왔을 때 염증 제거 수술로 미음을 관을 통해 넣고 있는 모습을 보면서 곧 백향과 수확 때가 되니 그때 다시 오마고 했었다. 상윤이가 말하는 백향과는 삶의 시간을 연장할 수 있다는 의미다.

"며칠 후 본격적으로 수확할 때 큰 박스에 넣어 택배로 보낼게."

나는 지킬 수 없는 약속이 될 것을 알면서도 천연덕스럽게 말했다.

작은 목소리로 힘이 들어서 가서 누워야겠단다. 마지막으로 꼬옥 안아주고 싶었는데 몸에 달린 줄들이 나를 허락하지 않는다. 가만히 옆으로 가서 어깨를 감싸며 힘을 주며 안았더니 얼굴을 내 얼굴에 맞댄다. 그리고 천천히 걸어간다. 찬경이를 잠깐 불러세웠다.

'네가 갖고 있다가 이제는…이라는 때가 되면 네가 대신 읽어줘라.'

손편지를 건네면서 '장례식에는 안 갈거야'고 말하는데 참았던 눈물이 흐른다. '이모 울지 마세요'라고 말하는 찬경이한테 아침에 급히 쓴 편지를 건넸다. 5분도 안 되는 짧은 마지막 만남이었다.

며칠 뒤 찬경에게 상황이 어떠냐는 통화를 한다.
"재연이 이모."
전화하는 소리를 듣고 누구냐고 물었는지 딸이 설명을 하더니 바꿔준다.
"상윤아, 나야. 재연이."
"응 잘 있어?"
발음이 뒤틀린다. 굳어가고 있나 보다.
"아프지는 않아? 마음은 편안해?"
"응. 그래야지."
딸이 옆에서 통역을 해준다.
"상윤아, 기운 아껴야지. 쉬어라. 또 전화할게."
다음 날 찬경이에게 상황을 물어본다. 이젠 말이 거의 되지 않는단다.
"통증은?"
가라앉아 잠자듯이 있다가 간혹 끙끙거리는 신음 소리를 내니 통증이 어느 정도인지 가늠할 수가 없단다.
아! 이렇게 기다려야 하나? 신경이, 세포가 하나씩 꺼져가는 시간만을 기다려야 하나?

　내가 매일 보내주는 짧은 문자를 읽지 않은 지도 며칠이나 지났다. 눈 뜨기도 힘든가 보다.

　저녁에 농장에서 돌아오는 아들 손에 비닐봉지가 들려 있다.

　상윤이 이모한테 보내주려고 깨끗한 백향과만 가져왔단다. 부질없다는 생각이 든다. 이젠 아무것도 먹지 못하는데 백향과가 무슨 소용이람!

　아침 들판을 걷는다.

　모내기로 들판은 푸른 옷으로 갈아입었다. 물에 비치는 산도 푸르다. 초록에 눈이 부시는 6월이다. 문득 또 상윤이가 생각난다.

　찬경이에게 대신 읽어주라고 했던 편지를 내가 읽어줘야겠다는 생각이 든다. 저번 편지 뒤에 몇 자 더 적은 편지를 전화를 걸어 감정을 꾹 누르며 상윤에게 찬찬히 읽어줬다.

　　　사랑하는 친구 상윤아!
　　　오랜만에 정말 오랜만에 네게 편지를 쓴다.
　　　풋풋했던 20대에 만나 칠순을 넘긴 할머니가 될 때까지
　　　늘 한결같았던 우리들의 시간에 감사한다.
　　　상윤아!
　　　우리 잠깐 헤어져야 할 시간이 되었나 보다. 두려워하지 말자.

내가 간다는 것을 알고 평화롭게 마지막을 받아들이면 그 평화로움으로 다음 생이 시작되는 것이라고 했던 말 기억해?

넌 잘 살았고, 숙제도 부지런히 했으니 괜찮은 다음이 기다리고 있을 거야. 난 그렇게 확신해.

역시 네가 나보다 공부를 잘하더니 진학을 빨리하는 것이라고 생각할게.

그래서 섭섭하기는 하지만 슬퍼하지는 않을게.

이제 넌 내 맘에 상윤이 꽃으로 피어 있을 테니까.

아주 쬐끔만 눈물 흘리고 널 그냥 지금처럼 기억할게.

지난 생의 인연으로 이번 생에서 좋은 친구였던 것처럼

다음 생에도 이번 생의 인연으로 좋은 친구로 다시 만나자.

네가 먼저 소풍 가서 경치 좋은 곳에, 너의 옆에 내 자리도 마련해 두렴.

상윤아!

지난 50년간 너라는 친구가 있어 내 삶은 늘 든든하고 행복했다.

늘 고맙고 우리 한결같이 사랑했다. 그자.

이번 생에서 받은 큰 축복이었다 그자.

몇 시간 후에 우리 웃으면서 보자.

2022. 5. 27 이른 아침에
在然이가

상윤아!

초록이 짙은 산도 모내기를 끝낸 들판도 모두 초록으로 눈부시다.

소풍 가기 참 좋은 6월이다. 언제나 푸르름과 함께 널 기억할게.

2022. 6. 9 하루를 마감하며 50년지기 재연이가

22일 늦은 밤에 전화가 울린다. 찬경이다. 아 마지막이구나.

"이모 엄마 임종을 보려고 가족이 모두 모였어요. 엄마가 들을 수 있는지 어떤지 모르겠지만 하직 인사하시라고 전화했어요."

"상윤아! 나야 재연이, 재연이야."

가늘지만 분명하게 '응' 대답을 한다. '세상에! 엄마가 대답을 하네. 우리들이 불러도 대답이 없었는데'라며 옆에 있던 가족들의 놀라는 목소리가 들린다.

"상윤아, 걱정마. 잘 살았잖아. 뒤돌아보지 말고 편히 가도 된다. 우리 또 만나자. 늘 고마웠고 사랑한다."

두어번 '응'이란 대답을 들었고 몇 시간 후에 부고 소식이 왔다.

화가 난다.

가라앉혀도 어느새 불쑥불쑥 화가 치민다. 누가 시비라도 걸어주면 좋겠다. 목청껏 소리 지르고 바락바락 달려들며 결판지게 한바탕 붙고 나면 화가 좀 사라질까?

'가시나야! 웃지 마라. 웃으면 다냐?'

환하게 웃고 있는 상윤의 영정사진을 보며 괜히 트집이다. 50년이 넘는 우리들의 시간에 대한 상실감을 네가 제일 잘 알 것 아니냐며 투정을 부린다.

항암으로 남자처럼 짧게 깎은 머리에 고운 한복 저고리가 남의 옷처럼 을씨년스럽게 보이지만 너무나 환하게 웃고 있는 상윤이. 미리 영정 사진을 찍으면서 웃음 뒤로 삼켰을 눈물이 보인다. 그래 네가 남기고 싶었던 웃음을 그대로 기억할게.

친구 내 친구 어이 이별할거나.

친구 내 친구 잊지 마시오.

상윤아! 웃을 때면 눈이 다 감겨버리는 이쁜 널 언제나 기억할게.

chapter 4

뒤죽박죽

친구들이나 지인들이 나더러 잘 살았다고 한다.
잘 살았다는 '잘'에는 두 가지 의미가 있다. 첫 번째는 누가 봐도 살림이 윤택하고 여유롭고 평탄한 삶이 잘 사는 삶이고 두 번째는 경제적 여유나 결과에 상관없이 열심히 움직였다는 말일 것이다. 내가 듣는 '잘'은 두 번째이다. 줄곧 나는 돈과는 인연이 먼 삶이었으니까.
돌아보면 참 까마득하다. 난 남편의 생활력 하나만 보고 결혼했다. 부자는 아니더라도 최소한 돈을 빌리는 일은 없을 것 같았다. 계산 착오였다. 결혼한 그해부터 돈을 빌리기 시작했다. '재연아, 니가 준 이잣돈이면 집을 사고도 남겠다. 아까워 죽겠다'며 영란이가 늘 안타까워했다.

언젠가 친구들 모임에서 '스트레스 받고 마음 고생하니까 팍 늙는 것 같다'는 영아의 말이 땅에 떨어지기도 전에 인순이가 '야! 재연이 앞에서는 그런 말은 하지도 마라'고 했다.

머쓱해진 영아가 '우리 중에 재연이가 제일 젊어 보이고 부잣집 맏며느리같이 있어 보이잖아'며 수습을 한다.

쑥스러운 미소를 짓는다. 내가 약간 사기꾼인가? 너무 멀쩡해서 속내를 드러내기가 민망하다.

갱년기에 접어들면서 좀 우울할 때 스트레스 해소할 겸 용한 곳에 한번 가보라고 했다. 미정이가 알려준 대로 삼천포 어느 비탈진 골목에 있는 작은 집으로 갔다.

"우짜겠노. 이집 가모家母는 똥도 버릴 것이 없구마는. 이 돌 빼서 저 구멍 막고 저 돌 빼서 이 구멍 막는 일만 하면서 살았네."

할머니가 나를 안쓰럽게 바라보며 한마디로 요약을 한다.

내가 뭐라고 했냐고요? 내가 살아온 지난 시간을 한마디로 압축해 말하니 맥이 풀리기도 했지만 위로 같기도 해서 눈물이 났다.

누구라도 잘 살고 싶어하는데 잘 사는 사람과 못 사는 사람의 차이는 뭘까? 이유도 원인도 각양각색이겠지만 삶의 순서에 따라 달라질 수도 있겠다는 생각이 들었다.

1, 2, 3, 4, 5, 6…그렇게 순차적으로 상황을 만나는 삶이 있는가 하면 1, 4, 3, 6, 2, 5… 뒤죽박죽 밀려오면 힘이 들고 허둥대는 삶이 되

지 않을까 하는 생각이 들었다. 집 한 채의 빚이라고 해도 생활 기반이 어느 정도 잡혔을 때와 이제 막 시작하려고 할 때의 차이는 너무나 큰 것이다. 그건 어쩜 떡잎을 잘라버리는 것과 같은 것이다.

또 친구들도 시작점에 있으니 안타깝기만 할 뿐 도와줄 여력이 없다. 영란이가 말하던 '아까워 죽겠다'라는 말 속에 너무나 많은 것들이 있었다.

어릴 적에 하던 놀이가 생각난다.
땅에서 출발하여 하늘까지 가는 놀이였다.
그림 A는 한쪽 발로 돌멩이를 차면서 다음 칸으로 순차적으로 나아가는 놀이다. 가다가 동그라미 칸에서는 두 발을 내려놓고 쉴 수가 있다. 각각의 칸은 넓고 쉬는 곳도 자주 있다.
그림 B는 한발로 뒤죽박죽 헝클어진 숫자를 찾아가야 한다. A는 차근차근 1번 칸에서 2번 칸으로 한 칸씩 다음 칸으로 나아가면 되지만 B는 훌쩍훌쩍 뛰어서 다음 숫자를 찾아가야 한다. 그뿐만 아니라 1번에서 2번 칸까지의 거리를 가늠해야 하는 것으로는 3번 칸에 갈 수가 없다.
3번 칸을 가기 위해서 3번 쪽으로 몸을 날릴 방향을 생각하면서 2번 칸으로 가야 한다. 쉬는 칸도 띄엄띄엄 있고 칸도 좁아서 두 발을 아슬아슬하게 포개고 쉬어야 한다. 순차적으로 가는 A에 비해 몇 배나 많은 생각과 많은 에너지를 소모해야 하는 것이다. 학년이 올라

A			
	하늘		
6	5, 12		④
⑦			3
8	11		2
9	⑩		1
	땅		

B			
	하늘		
23	30	27	㉛
26	㉔	29	32
22	15	19	28
25	21	⑯	20
18	14	10	17
7	3	13	9
12	⑧	11	4
2	6	1	5
	땅		

갈수록 칸의 숫자가 늘어난다. 나는 A 놀이에 비해 많이 움직여야 하고 생각도 많이 해야 하는 B 놀이를 더 좋아했다. 아마 내 삶을 예측이나 한 듯이.

사람들이 나를 만나면 편안하다고 한다. 무슨 이야기라도 잘 들어줄 것 같다고 한다. 잘 살았나 보다고 말한다. 웃는다. 보이는 것이 모두가 아니니까. 우아한 백조의 물 아래 다리를 생각하며 그냥 웃는다.

그런데 그런 말을 자주 들으면서 세상에 공짜는 없다더니 그럼 말을 들을 수 있는 것은 지난 시간 다른 사람들보다 더 많은 경우의 수를 열심히 만난 보상이란 생각이 든다. 같은 면적에서 많은 숫자를 뛰었던 놀이처럼 말이다. 덕분에 마음에 불편함이 적은 삶을 살고 있다. 나이를 물어보고 '고생도 안 하고 살았나 보다. 그러니까 나이보다 곱지'라고 말하는 사람들이 종종 있다.

그건 아버지께서 우리 형제들에게 동안의 유전자를 물려줬고 엄마로부터는 관리하지 않아도 그럴듯한 피부를 물려받은 덕분에 '없어 보이지 않는 얼굴'로 잘 늙어 가고 있으니 그것도 고마운 일이다.

모두가 지나갔다. 강물을 거슬러 오르는 연어들처럼 노래 같은 시간을 보내고 이제 편안한 나이가 되어 감사하다.

chapter 4

아름다운 소리

  동지가 지나면 조금씩 길어지는 아침저녁을 열심히 바라보면서 봄을 기다린다.
  옷을 헤집고 들어오는 바람이 아직 차다고 해도 겨울바람과는 결이 다른 봄바람을 느끼며 기다리는 새소리가 있다.
  내가 처음으로 삶의 혹독한 맛에 전의를 상실하고 몸과 마음이 파김치가 되어 지내던 30대 초반에 그 새소리를 처음 들었다. 산 입구에 살고 있어서 아침이면 새들의 지저귐을 많이 들으면서 살았던 어느 봄날 아침을 생생하게 기억하고 있다.
  큰아들 기저귀를 한 대야 들고 나와 탈탈 털어 빨랫줄에 널고 있었다.

"미쳐 미쳐 미쳐."

어디선가 들려오는 날카롭고 빠른 새소리가 적어도 내 귀에는 그렇게 들렸다. 보이지는 않았지만 몸집이 작은 새 같았다.

"그래, 맞아. 나도 미치겠다."

물심양면으로 최악이었고 서툰 초보 엄마 노릇에 정신줄 놓치지 않으려고 용쓰는 내 모습을 알고 있다는 듯이 그렇게 가늘고 높은 소리로 나를 대변하고 있었다.

내 속내를 들킨 것 같아 움찔하는데 녀석은 더욱 높고 빠르게 그리고 카랑카랑하게 내 귓전에 미쳐 미쳐를 쏟아부었다.

"알았어. 미치지 않고 내 꼬라지 제대로 찾아볼게."

바람에 펄럭이는 하얀 기저귀를 새삼스럽게 바라본다. 묘하게도 그 새소리가 위로가 되었다.

해가 바뀌고 새봄이 올 때마다 그 새소리를 기다렸다. 그리고 '알았어. 마음 잘 추스르고 살고 있어'라고 대답하면서 나이를 먹었다.

간혹 봄이면 '미쳐 미쳐' 우는 새 이야기를 한다. 아무도 그런 새소리는 들어보지 못했단다.

정남 언니는 집 뒤 대나무 숲에 찾아오는 여러 가지 새소리에 아무리 귀 기울여도 그런 소리는 없었다고 했다. 그냥 그 새소리는 나만 아는 것으로 지내다가 어느 날 지인을 따라 차를 마시러 갔다가 우연히 내 귀와 닮은 사람을 만났다. 구연동화 하시는 주인장이 '미쳐 미처'라고 우는 새 이야기를 한다. 너무 반가워서 손뼉을 치며 '맞지예 맞지예' 연발하며 기뻐했다. 새 도감 책을 찾아봤는데 새 이름이 '휘쳐'였다고 했다. 어쩜 서양인의 귀에는 그 새소리가 '휘쳐 휘쳐'로 들려서 이름이 되었을지도 모르겠다. '휘쳐'와 '미쳐'는 한끝 차이. 어쨌든 나는 '미쳐'라고 들리는 사람을 드디어 만났다. 20년 만의 쾌거였다.

그리고 세월이 한참 지난 어느 봄날 전라도 갑용산으로 등산을 갔다. 마침 미쳐새가 우는 계절이었다. 산길을 걷는데 그 새가 운다. 그런데 좀 다르다. 내가 아는 녀석은 높고 빠르면서 날카롭게 '미쳐, 미쳐, 미쳐' 자지러지게 우는데 여기 녀석은 낮고 천천히 그리고 좀 두껍게 '미이쳐, 미이쳐'라며 노래하는 것처럼 리듬까지 느껴진다. 어! 새도 지방색이 있나? 경상도 새는 높고 빠르게 '미쳐, 미쳐' 자지러지게 우는데 전라도 새는 느긋하게 운율이 있네. 혼자 웃는다. 그래도 네 소리 들어서 좋다. 내년에도 봄이면 반가운 너의 소리를 기다리겠지. 아름다운 소리다.

내가 좋아하는 아름다운 소리들.

작은아들이 짧은 보폭으로 큰아들을 졸졸 따라다니면서 '형님아'를 입에 달고 다녔다. 나는 그 소리가 또 하나의 세상이 열리는 소리처럼 들려서 감동적이었다.

나는 어릴 때 '오빠야'를 입에 달고 다녔다. 말수가 적은 우리 오빠도 '오빠야' 소리가 싫지는 않았는지 늘 씨익 웃어주곤 했다. 이젠 진한 그리움으로 하늘을 향해 '오빠야' 하고 불러 본다.

겨울이면 그리워지는 아름다운 소리도 있다.
아주아주 오래전에 큰방에 부모님이랑 동생들과 옹기종기 모여 살던 시절에 설날이 가까이 오면 아랫목엔 술 단지가 윗목엔 콩나물 시루가 함께 잠을 잤다.
물이 담긴 커다란 사구 안에 쪽박을 띄우고 사구 위에 나무막대 두 개 나란히 놓이면 그 위에 콩나물 시루가 앉는다. 쪽박으로 물을 주려고 하면 더러운 손으로 물을 주면 콩나물이 상한다면서 먼저 손부터 씻고 오라고 엄마는 말했다.
한밤중에 엄마는 자다 말고 일어나 콩나물시루에 물을 준다. 쪼르르 쪼르르 물 떨어지는 소리가 들리다가 한참 후엔 똑똑똑 사구 안으로 물 떨어지는 경쾌한 소리가 머리 위에서 났다.
그러면 아랫목에서 술 익는 소리가 뽀글뽀글 뽁뽁 맑은 소리로 작게 대답했다.
그렇게 밤을 지내면서 구들장은 식어가고 등짝이 차다고 느껴질 새벽녘이면 엄마는 부엌으로 나가 나무를 한 아름 아궁이에 넣고 불을 지피고 가마솥 뚜껑을 밀치곤 쪼르르 물을 붓는다. 지펴진 군불로 따뜻해진 구들장의 온기에 나는 다시 노곤한 잠에 빠지곤 했다. 정말 안심되고 평화로운 순간이었다. 가마솥 뚜껑의 청량한 쇳소리는 느슨한 안락감을 주던 아름다운 소리였다.

  주희 작은아들 결혼식이 있어 서울에 다녀왔다.

  오랜만에 서울 간 김에 친구도 만나고 시누이랑 조카도 만나면서 2박 3일 집을 비웠다가 돌아오니 싱크대엔 씻어야 할 그릇들로 가득하다.

  다음 날 3일 미뤄 둔 설거지를 시작으로 아침 준비를 한다. 놀다 왔으니 미안하기도 해서 남편 잠 깨우지 않게 조심한다고 했는데 그릇을 꺼내다가 놓쳐 소리가 났다.

  얼른 그릇을 줍다가 갑자기 어릴 적 엄마가 아침 준비할 때 달그락거리던 소리는 편안하고 기분 좋았던 소리였다는 생각이 났다. 어쩜 남편도 그럴 수 있겠다는 생각이 들었다.

  오늘은 아침밥 차려줄 마누라가 있어 편할 것이다. 그릇 부딪히는 소리는 늘어지게 늦잠을 자도 되는 자장가로 들릴 수도 있겠다. 오늘은 그릇 부딪치는 소리가 소음이 아니라 안심이 되는 아름다운 소리일 것이다.

chapter 4

마지막 직장

    1979년 봄에 카네이션 농장이 있는 김해 들판 작은 촌집에서 신접살이를 시작했다. 어느 날 옆집 아가씨가 놀러 왔다. 부산에서 온 도시 사람의 신혼살림이 궁금했던가 보다. 갑자기 큰 소리로 말했다.
    "아줌마 결혼식도 올렸어요?"
    친구가 교직원 탁구대회에서 1등 상으로 탄 액자(상이 액자라니 격세지감이 느껴진다)를 주면서 결혼식 사진을 넣으라고 했다.
    사진 액자를 들고 결혼 사진을 보다 말고 또 놀란 목소리로 말한다.
    "아줌마 대학도 나왔어요?"
    그녀는 두꺼운 앨범을 꺼내어 넘기고 있었다. 아무것도 없는 우리 살림살이를 보고 아마 어쩌다 눈 맞은 청춘 남녀가 그릇 몇 개, 숟가락 몇 개로 동거를 시작한 것쯤으로 생각했나 보다.

　난 사과 궤짝 6개로 가정이라는 직장에 발을 들이밀었다.
　궤짝 3개는 포개어 책꽂이로, 3개는 나란히 붙여서 그 위에 이불을 얹었다. 결혼하기 1년 전부터 남편은 카네이션 농사를 짓고 있었고 최소한의 결혼 비용을 모아 농자금으로 쓰기로 하고 우린 혼수를 무시했다.
　세간살이를 졸랐으면 엄마가 장만해줬겠지만 엄마에게 짐을 지우고 싶지 않아 괜찮다고 했다. 친구들이 필요한 것을 말하라고 했다. 혼수를 마련한다면 빠진 것이나 필요한 것의 목록이 나오겠지만 아예 무시하기로 했으니 차라리 돈으로 달라고 했다. 그 돈으로 배낭을 메고 신혼여행을 다녀왔다. 부모님께 손을 내미는 것보다 사과 궤짝이 마음 편했다.

　결혼한 여름 태풍 쥬디호에 농장이 물에 잠겼다. 그리고 다음 해는 지독한 불경기로 꽃이 팔리지 않았다. 옆 농장 선배는 서울 꽃시장에 가서 팔리지 않고 있는 카네이션 2만 송이를 발로 밟고 왔을 정도였다.
　우린 그 당시 도시의 집 한 채 정도의 빚을 지게 되었고 남편은 부산에 큰 꽃 도매상에 취직을 했다.
　친구들은 분가를 권했지만 난 맏며느리는 부모를 모시는 것이 당연하다고 생각했다.

어느 날 잘 아는 노처녀가 우리 집에 왔다.

"이렇게 아무것도 없어도 살아지나요? 장롱도 없어요?"

'빚 지고 살면서 장롱은 무슨!'이라고 속으로 대답했다.

어릴 때부터 시골 할아버지가 꿈이었던 남편을 따라 고성으로 왔다.

민희가 왔다. 걱정이 되어서 보러 온 언니 같은 눈으로 살핀다.

"니 이불은 어디에 있노?"

고성에 왔을 때 배양실 선반을 만들고 남은 앵글이 많은 것을 봤다. 남편에게 치수대로 앵글을 잘라 달라고 했다. 높이가 좀 높은 침대를 만들고 4.8짜리 합판을 얹고 요를 깔고 넓은 천으로 덮었다.

"이불 여기 있잖아."

커버를 들치고 침대 아래 있는 이불들을 보여주었다. 민희는 아릿한 눈빛으로 '괜찮냐'고 물었고 나는 '전혀 문제없어'라며 고개를 끄덕였다.

부산에서 이곳으로 이사 올 때 우리 차(12인승 베스트) 한번으로 끝났다. 동네 사람들이 물었다. 남은 이삿짐은 언제 가져오냐고.

창고 같았던 조립식 주택을 헐고 슬래브집을 지었다. 이웃집 사람이 우리 집을 허물면서 '창고 같은 집을 지어서 한 2, 3년 살아보다가 나갈 줄 알았다'고 했다. 새집을 지었지만 이번에도 가구나 장롱을 사지 않았다. 안방에 작은 문을 보고 화장실로 생각한다. 언제부턴가 우리네 집 구조에 화장실이 2개인 것이 당연한 것처럼 되었다. 그곳의 위치는 복도 넓이 정도로 안방과 뒷방을 구분 짓고 있었다.

이번에는 그새 청년이 된 아들에게 부탁을 했다. 하우스 자재 중에 남은 파이프를 잘라서 안방 쪽으로는 옷을 걸 수 있게 벽에 고정시키고 뒷방 쪽으로는 선반을 2개를 만들어 달라고 했다. 위치와 선반 크기만 알려 달라더니 아들은 벽면에 구멍을 뚫고 파이프를 끼우고 합판을 잘라서 움직이지 않게 잘 묶어준다. 말귀를 잘 알아듣고 내가 미처 생각지 못한 부분까지 알아서 꼼꼼하게 만들어 주는 아들이 있어 참 좋다. 합판 위에 장판을 깔고 이불을 올렸다. 뒷방 쪽은 문을 열고 닫을 때 공간이 낭비되지 않게 블라인드로 문을 대신했다.

세월이 지난 지금은 또 다른 기능을 가졌다. 손자들이 그 공간을 좋아한다. 행거에 걸린 옷 사이를 헤치고 이불을 타고 넘어 안방과 뒷방을 오락가락한다. 숨박꼭질하기에 딱이다. 할머니 집에 오면 말하지 않아도 들르는 필수 코스가 되었다. 녀석들이 돌아간 뒤 뒤죽박죽된 이불들을 정리하면서 '수풀을 헤치고 나가 언덕을 넘어가는 정도의 즐거움은 되었을까?' 동심을 가늠해 본다.

이제 나의 마지막 직장인 집을 가볍게 리모델링 중이다. 버린다, 줄인다, 나눈다, 그리고 되도록 구입하지 않는다.

다른 사람들보다 적게 가지고 살았던 것 같은데 그래도 많다. 그 와중에 살림이 늘었다. 계란 찜기와 스팀 걸레 청소기가 들어왔다. 아래칸에 계란을, 위칸에 양배추를 조금씩 한꺼번에 찐다. 때로는 단호박, 만두, 옥수수, 가지, 순대도 찐다. 한번 먹을 적은 양을 찌기에 편리하다. 장난감 같은 이건 뭐냐고 남편이 물었다. 찜기 설명 끝에 깜빡깜빡하는 나이라 타이머 기능이 있어야 한다고 덧붙였다.

전깃줄이 이리저리 끌려다니는 것이 싫어서 청소기보다는 빗자루를 선호하는데 이제 슬슬 기운을 아껴야 한다는 생각을 종종 한다. 걸레질은 힘든다. 도움을 청하는 기분으로 스팀 걸레 청소기를 샀다.

그리고 나의 마지막 직장 생활을 위해 규칙을 하나씩 정한다.

최소한으로 줄여서 가볍게, 조금씩 자주 미루지 말고 버릴 것들은 미련 없이 제때 처리하자. 뭐 그런 생각을 하다 보니 버려야 할 장롱이 없는 것도 다행이란 생각도 든다. 마지막 직장인 우리 집에서 남은 시간을 편안하게 보낼 준비를 한다.

chapter 4

The

아, 핸드폰!

집을 나서면서 핸드폰을 가지고 오지 않았다는 걸 알고 차를 급하게 돌린다.

그래도 고개를 넘어가기 전에 생각난 것이 다행이다.

나이가 들수록 물건 찾는 횟수가 잦아진다. 예전에는 그 물건을 마지막으로 놓은 곳과 어떤 행동으로 놓았는지 생각이 나서 바로 찾곤 했는데 요즘엔 그 마지막 동작마저 기억에 남아 있지 않으니 이리저리 찾는 시간이 많아진다.

마지막 통화를 누구랑 했지? 부엌에서 받았나? 방인가? 작업하다가 그냥 그곳에 두고 왔나? 결국은 정신 좀 차리라는 잔소리 들으며 남편의 폰으로 통화를 눌러 찾곤 한다. 그러면서 자꾸만 생활을 간소하게 만들어야 한다는 생각을 한다.
　버리고 나누고 줄여서 한눈에 보이게 만들어야겠다.

　예전에는 손님들이나 형제들이 모이면 그릇들이 많이 필요했다. 아이들이 어릴 땐 식구들이 많아서 또 그릇들이 필요했다. 아이들은 자라서 떠나고 집에서의 모임도 거의 외식으로 바뀌면서 그릇들이 찬장 안에 쌓여만 있다. 그릇을 나누면서 숫자를 줄였다. 그래도 선물로 받은 것들은 마음이 담겨 있다 싶어 남겨뒀던 것들이 더러 있었다. 선물이라는 명분으로 쌓아 놓았던 것들도 취향이 달라서 잘 쓰는 지인들이 있으니 그들에게 줬다. 빈 공간들이 생기니 느긋해진다.

　오래전 친정에 가면 엄마는 한복 치마를 뜯어 몸뻬로 만들어 일할 때 편하다면서 주곤 했다. 말짱한 옷을 왜 그러냐고 하면 내 손으로 정리를 하고 가야 내가 죽은 뒤 느그들이 정리할 때 짜증이 덜 날 것 아니냐고 했다. 언제 죽을지도 모르는데 뭐 그리 빨리 정리하는가 싶었다.
　간혹 마을 어귀에 있는 쓰레기장에 종량제 봉투가 수북하게 쌓인 것을 보면서 혼자 살던 어르신이 돌아가셨구나 하는 생각과 함께 엄마가 했던 말이 생각나곤 한다.

오랜만에 마루에서 삼겹살과 함께 소주를 마시고 있는 두 아들을 보면서 말했다.

"마침 느그 둘이 있을 때 할 말이 있는데."

"무슨 말요?"

"우리가 죽으면 산소 만들지 말고 화장을 하고, 생명 연장 의료 행위는 하지 말고, 여기저기 알리지 말고, 너희 둘이서 장례 치르고 난 뒤 돌아가셨다는 소식만 전해라."

말이 끝나기도 전에 작은아들이

"엄마, 나도. 나도. 나도 그렇게 해줘."

"야 임마, 말이 되는 소리를 해라. 내가 왜?" 억지웃음으로 마무리했다.

4년 버틴 암투병이 허무하게 끝을 향해 달리고 있는 상윤이를 보면서 어떻게 보내줘야 하나, 생각이 많아진다. 미리 찍어둔 영정 사진 속에서 웃고 있는 상윤의 얼굴이 자꾸 떠오른다. 그 앞에 앉아서 내가 할 수 있는 것은 무엇일까?

모든 것이 참 부질없다는 생각이 들었다. 장례식엔 가지 않기로 마음을 먹었다.

차라리 가기 전에 한번 더 보고 오자 싶어 서울로 갔다. 상윤의 몸에 주렁주렁 달려 있는 줄들 때문에 마지막 포옹도 할 수 없었다. 어깨동무를 하고 병실까지 가는 복도를 걸었다. 어깨를 잡은 손에 힘을 꼭 주고 어깨를 토닥토닥 쓰다듬으며 이별 인사를 했다. 찬미(친구 딸)를 불러 마지막 쓴 편지와 함께 봉투 하나 전하면서 장례식에는 참석하지 않겠다고 말했다. 늦은 밤에 임종 직전이라며 전화를 바꿔줬다. 꺼져가는 목소리로 내 말에 몇 번 힘겹게 대답하고 이별을 했다. 그러면서 이제 어지간하면 장례식엔 가지 않기로 나는 규칙을 정했다.

얼마간의 시간이 흐르고 이런저런 삶의 정리를 생각하다가 핸드폰 주소록도 미리 정리를 해야겠다는 생각이 들었다. 울 엄마 말처럼 내가 죽은 뒤 아들들이 수월하도록.

온라인 판매 관계로 주소록에 사람들이 좀 많다. 모임으로 인한 단톡도 몇 개 있다. 이 많은 사람들 중에 장례 치르고 난 뒤 소식을 전해줄 지인들은 따로 표시를 하자.

The #.

오래전 The #이라는 아파트 이름이 신선하게 느껴졌었다.

내려간다는 단어보다 올라간다는 단어가 밝게 느껴지기도 하고 '해볼까?' 하는 의욕과 함께 생기가 도는 느낌이다.

그런데 반올림이란 단어는 올림보다 부담이 적어 바로 발을 내디뎌도 될 것 같은 기분이 든다. 한 계단은 좀 부담스럽지만 반 계단이라면…, 할 수 있을 것 같잖아?

반 계단 정도라면 죽음도 뭐 그리 부담스럽겠는가? 반 계단 내려가는 것보다는 반 계단 올라가는 것이 좋겠다. 죽음이 끝이라는 단호함보다는 반 계단쯤 올라가는 시작이라고 생각하면 담담하게 추억할 수도 있을 것 같다.

  그런 마음으로 내가 좋아하는 사람들과 나를 아껴주던 사람들 이름 앞에 초등학교 입학할 때 가슴에 달았던 손수건과 이름표처럼 #을 달았다.

chapter 4

해피 엔딩

    읍으로 갈 때마다 이화공원 묘지 앞을 지난다. 때때로 장례차와 함께 마지막 이별을 위해 줄지어 가는 차들과 만나곤 한다. 급커브를 막 돌자 장례차를 선두로 승용차들이 줄지어 온다.
    장례차가 옆을 지나는데 '해피 엔딩'이라고 적혀 있다. 아! 좋다. 사장님 굿! 누구라도 해피 엔딩으로 삶을 마감하면 그보다 좋은 일이 있을까. 사장님 굿! 나도 마지막이 해피 엔딩이고 싶다.

    아주 오래전에 엄마는 죽는 일이 걱정이라고 했다. 숨 끊어지면 죽는데 뭔 걱정을 미리 할까? 하고 생각했던 적이 있다.
    "내가 죽고 딱 일 년만 더 살다가 내 제삿밥 먹고 바로 뒤따라오소."

　엄마가 아버지께 입버릇처럼 하는 말이었다.

　내가 듣기에 '나 죽고 일 년만 더 살다가'는 내가 얼마나 고마운 존재였는지 느껴보라는 엄마의 투정으로 들렸다. 그런데 왜 하필이면 제삿밥 먹고 오라고 하냐고 물었더니 그래야 두 사람 제삿날이 같은 날이 되고 시부모 제사를 한꺼번에 지내면 되니까 며느리 일을 줄여줄 수 있단다. 울 엄마답다. 그렇게 될지 어떨지는 모를 일이지만. 처음에 아버지께서는 듣기 싫어하시더니 '임자 소원이라면 그리하소'로 결정을(?) 봤다.

　어느 해인가 그해는 좀 늦게 대보름날 새해 인사를 갔다.
　"재연아, 나 올해는 간다."
　감기도 한번 안 하시고 병원에 가시는 일도 없이 건강하신데 무슨 이런 말을?
　왔냐? 시어머니는 잘 계시냐? 그런 의례적인 말씀도 없이 너무 단정적으로 말씀하신다. 그 느낌이 너무 단호해서 반박도 못 하고 '올해라면 지금이 정월 초니까 일년쯤 여유가 있나?'라고 계산하고 있는 내가 참 생뚱맞다는 생각이 뒤따랐다.
　며칠 뒤 막냇동생이 전화를 했다. 아버지가 누나 말이라면 들을 것 같으니 한약이라도 드시라고 권해 보란다.
　"아버지, 아들들이 약 드시라고 하면 드시지 왜 그러셔요?"

"이제 곧 갈 텐데 쓸데없이 아들들 돈 쓸 필요가 없지."

완강하시다. 아버지 성품으로 그러고도 남을 일이다. 그리고 며칠 뒤에 아버지는 약속을 지키는 것처럼 돌아가셨다. 81세였다.

몇 달이 지나고 엄마는 꿈 이야기를 했다.

"느그 아버지를 만났는데 새집 짓고 데리러 온다고 하더라."

아버지라면 약속을 지킬 것이란 생각이 들었다.

"엄마 아버지 왔었어? 집은 어느 정도까지 지었어?"

그 후로 엄마와 통화할 때면 엄마의 새집에 대해서 물었다. 이왕이면 크게 집을 지어달라고 하지. 아니면 마당에 텃밭도 만들고 엄마가 좋아하는 불 때는 아궁이도 만들어 달라고 하지. 엄마는 새집으로 이사 가서 좋겠네. 엄마의 집(죽음) 이야기를 나누곤 했다. 죽음에 대한 이야기를 아무렇지도 않게 나눴던 엄마가 지금도 고맙다. 엄마도 고지식한 아버지의 성격을 잘 알기에 그 약속에 대해 당연한 일처럼 믿고 기다리는 듯했다.

아버지 가신 지 일 년 반쯤 되었을 때였다.

"재연아, 나도 이제 곧 갈 것 같다. 창문 달고 도배하고 마무리하고 있더라."

"집 좋던가요? 엄마 마음에 들어?"

엄마는 집이 넓고 마음에 든다고 하시더니 보름쯤 지난 아침에 다시 전화를 했다.

"재연아, 나 이번에는 진짜 간다."

"왜?"

"지난밤에는 대문 기둥에 문패를 달았거든."

그리고 3일 뒤에 엄마는 진짜로 스르르 가셨다. 한나절 가늘게 숨을 고르고 있던 엄마가 한밤중에 허공으로 두 손을 잠깐 올렸다 내리면서 숨을 멈췄다. 그때 아버지께서 내민 손을 잡고 가셨을까?

우리 아버지답다고 생각했다. 토목업을 하시면서도 꼿꼿한 성격 탓에 타협을 못 해 늘 힘들었다. 당신은 서당 훈장이 딱이라고 엄마는 늘 말했다. 늘 아슬아슬 줄타기하면서 엄마는 힘들게 살았지만 팥으로 메주를 쑨다고 아버지가 말하면 맞다고 맞장구칠 수 있는 아버지에 대한 신뢰감으로 나란히 묻히시길 원했다.

아버지의 약속은 그 뒤에도 이어져 갔다. 설마라고 했던 일이었는데….

엄마가 아버지를 따라간 첫 번째 꿈에 엄마의 집터 옆에 3개의 집터 기초 공사도 하고 있었단다. 한 채의 집터는 누군가에게 팔았다니 앞으로 2채를 더 지을 것이란 말인데 엄마 집 말고 또 집을 짓는다고? 뭐지? 그곳에서 이번에는 건축업을 하시려나?

엄마는 아버지께서 돌아가시고 1년 7개월 뒤에 돌아가셨다. 그리고 1년 5개월 후 다운증후군이었던 여동생이 '나 죽으면 곧 따라와라'고 주문처럼 말하던 엄마 말을 잘 듣는 딸처럼 하늘로 갔다. 그리고 1년 6개월 뒤에 오빠마저 암으로 우리 곁을 떠났다. 집 한 채 짓는데 평균 1년 반씩 걸렸다.

그럼 일찍 팔았다던 집터의 주인은 누굴까? 그 옆집엔 최 교수님께서 계실 것만 같았다. 최 교수님께서는 지인들에게 나를 당신의 딸이라고 소개하시며 나를 무척 아껴주셨다. '연애 편지다. 집에 가서 살짝 봐라'며 내미는 봉투 속에는 용돈이 들러 있곤 했다. 퇴직 후 새벽잠 없는 노인네가 되어 내가 아직 잠 속에 있는 이른 아침에 전화해서 놀라 전화를 받으면 '언제 부산 안 오냐?' 당신 말만 하고 뚝 전화를 끊으시던 최 교수님의 부고를 들은 것은 여동생이 가기 일주일 전이었다. 그리고 여동생을 보내고 온 내게 참 둔한 우리 남편이 '최 교수님이 너 걱정 덜어주려고 소희 데리고 가셨나 보다'라고 했다. 나도 동의한다. 최 교수님이 우리 부모님 이웃이 되셨나 보다고.

추위를 많이 타는 나는 겨울을 별로 좋아하지 않았다.
잠을 깬 후에도 이불 속에서 밍기적거리며 겨울이 빨리 끝나면 좋겠다는 생각을 한다. 어느 해 겨울 아침이었다. 방 깊숙한 곳까지 퍼지는 겨울 아침 햇살이 아버지 눈빛 같았다. 맑은 햇살이 다독이며 이제 일어나라고 말한다.
"알았어요. 오늘도 할 일이 많아요."
아버지 눈빛 같은 겨울 햇살과 말을 나누면서 겨울을 즐기게 되었다.
"아버지, 나 잘 살았죠? 사람은 자기 분수를 알고 분수껏 살아야 한다는 아버지 말을 잘 지키며 살았으니 착한 딸이죠? 아버지 덕분에 늘 부족한 일상이 불편하기는 했어도 불행하지는 않았어요."

그리고 약간의 애교와 함께 부탁을 한다.

"아버지 다음에 내 집도 부탁해요. 아버지 말도 잘 들었고 자식들 중에서도 제일 좋아했잖아요. 큰집이 아니어도 되구요, 아담하고 환하게 지어주세요."

그래서일까. 난 죽음에 대한 두려움이 남들보다는 적은가 보다. 막상 죽음이 눈앞에 오면 어떨지 모르겠지만 지금까지는 죽음도 살아가는 것처럼 자연스러운 현상이고 다음이라는 연장선이 있을 것이라고 믿으며 엄마처럼 담담하게 죽음을 만나고 싶다.

어느 장의차에 적혀 있던 것처럼 대단원의 마지막은 해피 엔딩이고 싶다.

chapter 4

영우도影友島

　나는 보물섬 하나를 갖고 있다.
　지도에도 없고 형태도 볼 수 없지만 내 좋은 벗들과 고마운 인연들의 따스한 기운으로 만들어졌기에 마음의 눈으로 볼 수 있는 섬, 영우도.

　우리 동네 뒷산인 수태산에서 내려다보는 자란만의 경치는 정말 아름답다. 물결이 잔잔하여 큰 호수 같은 쪽빛 바다와 푸른 하늘에 흰 구름 그리고 점점이 흩어진 작은 섬들까지 있어 바다가 심심하지 않고 크고 작은 섬들은 제각기 이야기를 품고 있을 것 같아 눈과 귀 그리고 마음까지 열게 한다.

왼쪽 삼산면 어디쯤에서 섬들이 사량도 방향으로 한 줄 서기를 하고 있다. 징검다리 같다. 정겹다. 볼 때마다 새롭게 보는 것처럼 아름답다는 감탄사가 절로 나온다.

그날도 아름다운 흰 구름까지 더한 자란만을 내려다보며 일렬로 서 있는 섬을 뛰어넘는 상상을 한다. 조심스럽고 고마운 마음으로 살포시 섬을 하나씩 건넌다. 섬 하나 밟을 때마다 사량도가 조금씩 가까워진다.

하나, 둘, 셋… 일곱. 그리고….

다음 걸음을 옮기지 못하고 두 발을 가지런히 모으고 섰다. 징검다리 하나가 없어서 건널 수 없는 사량도를 바라본다. 삶도 이렇게 크고 작은 고비들을 밟고 지나가는 것이 아닐까? 하는 생각이 든다. 때로 이빨 빠진 것 같은 징검다리에서 다음 걸음을 어떻게 할까 고민할 때 디딤돌을 놓아주는 누군가를 만난다면 그건 행운이고 행복인 것을. 그런 생각으로 망연히 사량도를 바라보고 있을 때 신기루처럼 수면 위로 모습을 드러내는 섬 하나가 있다. 마지막 징검다리를 살포시 밟고 사량도에 올라 뒤돌아보면 방금 딛고 온 섬은 보이지 않고 바다는 언제 그랬냐는 듯이 잔잔하다.

오래전 엄마가 하던 말이 생각난다.

"재연아, 사는 일이라는 것이 참 기묘-한 것이란다. 이젠 정말 마지막이다 싶을 때 생각지도 못한 누군가가 그 고비를 넘게 해 주니 말이다. 그러니 너도 살아봐. 참 살 만한 세상살이란다."

20대 초반인 나는 늘 살 만한 세상인 것 같은데 뭘 새삼스럽게 살아보라고 하는지, 그리고 엄마는 '너는 걱정 안 한다'라고 한마디 덧붙였다.

그때 엄마가 좀 길게 노래가락처럼 말하던 '기묘-한'이란 단어는 그야말로 묘하게 내 무의식에 자리 잡았던 것 같다.

내 삶에서 가장 큰 밑천은 빚이었고 내 인생의 일등공신은 어려울 때 내게 돈을 빌려준 사람들이다. 선뜻 내게 디딤돌을 놓아준 것이다.

사람들은 나더러 주위에 좋은 사람들이 많다고 하는데 그들이 말하는 좋은 사람들이 나의 재산이기도 하다.

큰아들이 마흔 살이니 나도 꽤 살았다 싶다.

뒤돌아보면 그 긴 시간 동안 단 하루도 플러스였던 날이 없었다. 늘 마이너스의 삶이었다. 그 시간들을 지나면서 힘들고 지치고 불편하기는 했지만 불행하다는 생각은 하지 않았다. 아니 불편한 것을 불행하다고 오해하면 안 된다고 타일렀다. 정말 그랬다. 늘 마이너스 경제였지만 마음마저 마이너스는 아니었다. 오히려 그 마이너스를 채우고도 남는 인연들이 배려와 걱정으로 늘 나를 지켜봐 주고 있었다. 덕분에 편안한 얼굴을 가질 수 있었음도 다행이다.

신혼 초에 남편이 사업에 실패하면서 도시의 집 한 채 값 정도의 빚을 지고 매일 이자와 원금의 숫자로 내 머릿속이 꽉 차 있을 때 어쩌면 물질적인 풍부함과는 당분간(너무 길었지만) 거리가 먼 삶이 될 수도 있겠다고 생각했다.

그때 난 생각했다. 엉뚱하게도 중학교 물상 시간에 배운 '질량불변의 법칙'이란 것에 내 생각을 대입시켰다. 지금은 위치 에너지는 아닌 것 같으니 위치 에너지를 열 에너지로 바꿔야겠다고 생각했다.

가진 것이 없어 나눌 수 없는 물질이라면 차라리 나눌 수 있는 마음으로 열 에너지를 키우자고 생각했다. 마음을 느끼는 일, 마음을 나누는 일, 그리고 끌어안는 연습을 하자고 생각했다. 그래도 키우면 나눌 수 있는 마음이란 것이 있으니 얼마나 다행인가.

엄마는 사람이 살아가는데 신용이 최우선이라고 했고 아버지는 정직이 최고라고 하셨다. 신용과 정직이란 땔감으로 열 에너지를 만들면 되겠다.

나와의 인연들에게 내가 어디에 머물고 있으며 어떤 상태인지를 있는 그대로 보였다. 내가 줄 수 있는 것이 마음뿐이기에 늘 마음을 열어 그들을 느끼며 연결 고리를 내가 먼저 놓지 않으려고 했다. 그 긴 끈들은 시간이 가도 헐거워지지도 빛이 바래지도 않고 오히려 더 단단해지는 기묘함(엄마 말처럼)이 내 삶 속에 있어서 오늘을 보내고 내일을 만나는 일에 마음을 모을 수 있었다.

빚 때문에 더 진솔해야 한다고 생각했고 빚을 갚기 전에는 늘 나의 근황과 머무는 자리를 알려야 한다는 생각이 있어 내가 먼저 소식을 전하고 안부를 묻고 늘 감사하는 관계를 멈추지 않으려고 했다.

거품이 없는 관계를 만들어가는 시간이 쌓이면서 오묘한 변화가 생긴다. 뿌듯하고 감사하는 잔잔한 행복이 쌓인다. 부족한 가운데서도 늘 따뜻함이 머문다. 엄마 말처럼 살 만한 일이다.

끊어진 징검다리에서 막연할 때 그 다리를 이어주는 인연이 나타난다. 엄마는 이미 예감했을까? 넌 걱정하지 않는다고 했던 말이 늘 위로를 넘은 힘이 되곤 했다. 날 믿어주고 기다려주는 인연의 마음들이 뭉쳐 있다가 고비마다 그 기운들이 나를 다음 걸음을 뗄 수 있게 밀어주곤 했다.

사량도를 망연히 바라보고 있다가 내가 걸음을 옮기고자 한 발을 내밀면 바다 밑에서 나만의 섬이 잠수함처럼 올라와 징검다리를 놓아줄 것이다. 한 발 디디고 건너고 나면 언제 그랬냐는 듯이 사라지는 섬. 누구도 모르는 나만의 섬, 나는 그 섬을 영우도影友島라고 부른다. 어떤 비바람에도, 어떤 큰 파도에도 끄덕하지 않는 영우도. 내 영혼의 지도 위에만 존재하면서 목숨이 끝나는 날까지 함께할 영우도가 있어 행복하다. 감사하고 평화롭다.

수태산에서 자란만을 내려다본다.

오늘은 영우도 식구들이 구름이 되어 자란만 쪽빛 물 위에 그림자놀이를 하고 있다.

chapter 4

전입신고

 슬그머니 영우도에 전입신고가 들어온다.
 언제부터인가 영우도는 노인네들만 많고 빈집이 하나씩 늘어나는 시골 같다. 이젠 남은 사람들과 영우도를 지키고 전입신고는 받지 않아야겠다고 생각했다. 그런 나의 의도와는 전혀 상관없이 슬며시 전입 신고서가 들어왔다.

 지현이는 우리 큰아들과 동갑내기다.
 식품가공을 하면서 자농이라는 농업인 법인을 만들게 되었고 내가 연장자라는 명분으로 대표가 되었다. 지현이는 시부모님께서 체력적으로 농사짓기가 힘들어져서 남편과 함께 내려와 딸기 농사를 짓게 되면서 뒤늦게 우리와 합류를 했다.

젊은 부부가 아이들을 데리고 귀농을 한다는 것만으로도 고마운 일인데 지현이의 합류는 우리들에게는 훌륭한 구원 투수였다.

쉽게 생각하고 만든 법인은 일만 하던 아날로그 세대인 우리들에겐 가파른 등산길 같았다. 경사도 심하고 평지가 어디쯤 있을지 막막하여 하산하고픈 심정들이었을 때 지현이가 들어왔고 젊다는 이유만으로 사무국장을 떠맡게 되었다. 법인은 지현이도 처음이라 힘들 텐데 얼굴 한번 찡그리지 않고 여기저기 물어보고 전화하고 찾아보며 하나씩 풀어 나갔다. 너무 고맙고 이뻤다. 그리고 정말 미안했다.

야무지고 똑똑하기도 하지만 나이답지 않게 이기적이지도 않고 귀한 시간을 우리들과 함께해 줬다. 모임 후 차를 나누며 이런저런 이야기를 나눌 때면 늙은이들의 이야기를 열심히 들어준다. 예전에 어른들이 '똥까지도 버릴 것 없는 사람'이란 말을 생각나게 만들었다.

그날도 모임을 하고 찻집 문 닫을 시간이라고 할 때까지 이야기하다가 집으로 왔다. 눈을 반짝이며 이야기 들어주던 지현이에게 '잘 왔어. 고맙고 수고했다'라고 문자를 보내자마자 '대표님은 나의 어르신 친구입니다'라고 전입 사유가 적힌 문자가 들어왔다.

어쩌나. 전입신고서를 기꺼운 맘으로 받아야 하나? 아니면 반환을 해야 하나?

나의 영우도는 나처럼 나이를 먹어 늙어가고 있다. 영우도 주민 중에는 혼자 먼저 소풍길에 오르기도 하고 아프기도 하면서 영우도는 헐렁해지고 있다. 그리고 영우도가 물 위로 올라와 숨쉬기하는 횟수도 줄어들었다. 그건 내 삶의 고비나 위기가 줄어들었다는 말이기도 하니까 어쩜 좋아해야 하나?

분명한 것은 헐거워지고 쇠퇴하고 있다는 것이다. 언젠가 내가 떠나면 영우도는 자란만 물결 아래 그림자처럼 잠겨 있다가 서서히 사라지겠지. 그 자리를 낮에는 물결이 흰구름이 푸른 바람들이 아무런 일도 없었다는 듯이 무심하게 흐르고 밤이면 달빛과 별빛이 그 자리를 채우게 될 것이다. 물 위로 올라오는 횟수도 줄어들고 그러다가 물결만 출렁이게 되겠지. 그래서 새로운 주민 영입은 받지 않아야 한다고 생각했다.

급하게 폰으로 해결해야 할 일이 생겼다.

집이라면 아들에게 도움을 청하겠지만 읍에 나와 있고 시간이 촉박하니 생각나는 사람이 지현이라 도움을 청했다. '집으로 오실래요' 시간이 촉박해서 바로 달려간다고 첫 방문임에도 불구하고 빈손이다. 오늘 병원에 갔다가 이제 막 돌아와서 나가기가 불편했단다. 여러모로 미안해하는 내게 괜찮다면서 빠르게 손가락을 놀리더니 금방 해결한다.

일단 일 처리했으니 여유가 생겨 차를 마신다.

오늘 낮에 친정 아버지를 보고 왔단다. 루게릭 진단 받으신 지 좀 되었는데 갑자기 며칠 사이에 상황이 나빠지셨단다. 그런 아버지도 힘드시고 옆에 있는 엄마도 힘이 든다고 했다.

"우리 아버지 나이가 대표님보다 한 살 더 많을 뿐인데……."라며 씁쓸해한다.

"나는 대표님처럼 나이를 먹어야겠다는 생각을 자주 해요."

쑥스럽다. 오늘도 요즘 시스템에 따라가지 못하는 내가 괜히 젊은 이들께 민폐라는 생각이 들어 이제 일 그만두고 조용히 살아야 하나? 좀은 서글픈 생각을 하고 있는데 현관문 키 누르는 소리가 들린다.

"학교 다녀왔습니다."

가늘가늘 예쁜 지현이 딸이 들어왔다.

"인사해. 엄마 친구 중에 나이가 제일 많으신 친구야."

엄마 친구라는 말로 전입 신고서에 마침표를 찍는다. 쾅 하고 결제 도장을 찍을 수밖에 없다. 영우도에 젊은 막내가 들어왔다.

우리 동네에 자란만이 보이는 곳에 찻집이 생겨서 참 좋다. 보현암에서 내려다보는 것보다는 시선이 아래여서 영우도의 위치를 알려주는데 조금 더 설명이 길어지기는 하지만 산을 휘이 둘러 보현암까지 가는 시간을 생각하면 훨씬 편하다.

그 찻집 덕분에 지인들을 우리 동네로 자주 초대한다. 그리고 영우도의 위치를 알려주기도 한다. 예전에는 사랑하던 사람들이 징검다리로 물 위로 올려주던 영우도를 요즘은 내가 종종 불러 물 위로 오르게 한다. 큰 숨도 쉬고 맑은 공기도 쐬고.

  훗날 지현이가 찻집에 앉아 자란만을 내려다보면서 영우도를 이야기하겠지.

  그때는 자란만이 아닌 지현이의 마음 바다에서 영우도는 숨을 쉴 것이다.

chapter 4

영우도 주민 소풍날
―미리 장례식

  6월이다.

  모내기가 막바지에 이른 들판은 새벽부터 분주하다. 새벽부터 들판을 뒤흔들던 트랙트 소리가 해가 지면 논물 속으로 잦아들고 까만 들판엔 차분한 바람과 개구리 소리로 채워진다. 들판이 다른 모습으로 변한다. 들판 건너 재건이네 외등이 물 위에 흔들리면 고즈넉한 강촌 같은 느낌이 든다. 낮의 활기와는 달리 막연한 그리움이 밀려온다.

  그건 6월에 떠난 상윤이가 생각나기 때문이겠지. 벌써 3년이란 세월이 흘렀다. 엊그제 같은데 세월은 참 빠르다. 부쩍 더 보고 싶다.

  두 번째 수필집을 내겠다고 마음먹을 때부터 생각이 더 많아진 것이다.

　상윤이가 마지막을 향해 가고 있을 때 친구의 장례식을 그려 보았다.
　친구는 떠났고 활짝 웃고 있는 영정 사진(미리 찍어 보내줬다)을 바라볼 내 모습을 생각해봤다. 아무런 의미가 없고 다 부질없는 일이란 생각에 서로 바라볼 수 있을 때 한번 더 보자는 생각으로 급하게 서울로 갔다.
　딸 손을 잡고 느릿느릿 걸어오는 모습을 아릿하게 바라보는 것이 전부였다. 여기저기 달린 줄들 때문에 마지막 포옹도 못하고 그냥 어깨동무하는 것으로 대신했다. 딸을 살짝 불러서 '엄마 장례식엔 참석하지 않을 것이고 나중에 나 대신 마지막 편지 좀 읽어줘'라며 조의금 봉투와 마지막 손편지를 주고 왔다. 며칠 뒤 상윤을 떠나보내면서 이제 장례식장엔 가지 않겠다는 규칙이 생겼다. 예전에 어른들이 나이가 들면 장례식에 가는 것이 아니라고 하더니 어느새 나도 그런 나이가 된 것일까?
　집에 다니러 온 큰아들과 작은아들이 구운 삼겹살을 안주로 술을 마신다. 삼겹살 몇 점 집어 먹다가 내가 부탁의 말을 했다.
　"내가 죽으면 화장하고, 여기저기 사람들 불러서 장례식 하지 말고 조용히 너희 둘이서 처리하고, 엄마 폰에 # 표시가 있는 사람들에게만 가셨다는 문자만 보내라."
　"엄마 그건 우리들이 알아서 할 일이니까 신경 쓰지 말고요. 참고는 하지 뭐."

큰아들 말이 맞다. 숨 떨어지면 그만이긴 하다. 나의 뜻이 힘을 가질 수 없는 때가 되니까.

첫 번째 수필집을 내고 또 책을 낸다는 생각은 하지 않았다. 글을 쓴다기보다는 그냥 내 이야기를 정리하는 정도의 수준이면 한 권으로 족했다. 그런데 두 번째 수필집을 준비하게 된 것은 엉뚱한 이유에서 시작되었다.

전국 대학 4H 50주년이 되면서 흩어졌던 동문들이 모이게 되었다. 황민영 선배님은 작은 체구지만 카리스마가 대단했다. 날카로운 지성인이었다. 우리 학교 직속 선배님이 아니어서 먼발치에서 볼 때가 많았지만 가까이 가기 힘든 선배였다. 40여 년이란 세월을 지나서 다시 만난 선배님은 나의 선입견을 무너뜨렸다. 참 따뜻했다. 먼발치에서만 바라보던 선배님이 아니라 내가 먼저 다가가고픈 선배님이셨다. 냉철한 이성은 따뜻함으로 코팅이 되어 있었다. 이성과 감성이 함께 녹아 있는 노신사였다.

행사의 마지막이 되면 잔치가 벌어진다. 팔순의 노신사가 아들 손자뻘 되는 후배들을 위해 먼저 분위기를 띄워주는 선배님이 대단하시기도 하고 고맙기도 했다. 문득 선배님께 뭔가를 드리고 싶다는 생각을 했지만 마땅한 것이 없었다. 그때 내 첫 번째 수필집을 보고 무척 좋아하시던 얼굴이 스쳤고 더 늦기 전에 책을 내면 기뻐하시겠다는 생각이 들었다. 에라 저질러 놓고 보자. 그렇지 않으면 책을 안 낼 것이 뻔하니까.

"선배님 조만간 수필집 낼까 해요."

"좋지. 이번엔 상윤이(대학 4H에서 만났다) 몫을 내가 대신해주지."

상윤은 갔고 선배님도 팔순 노신사고 나도 주변을 정리해 가면서 살아야 할 나이가 되었으니 시간이 될 때 빨리 약속을 지켜야겠다. 책이 나오면 상윤이한테 다녀와야겠다. 좋아할 네 얼굴이 상상된다.

장례식장엔 가지 않겠다는 나의 규칙, 상윤이 생각, 아들의 말, 좋은 선배님들, 그리고 나를 아껴주는 사람들. 그런 것들이 어우러져서 내가 살아 있을 때 다 함께 얼굴을 볼 수 있는 기회가 있으면 좋겠다는 생각이 들었다. 나의 의지로 마음을 나눌 수 있는 장례식, 괜찮겠다는 생각이 들었다. 이번 출판기념회는 미리 하는 장례식으로 하면 되겠다.

그러면서 생각이 휙휙 달린다. 그 좋은 인연들의 섬인 '영우도'를 책 제목으로 하고 첫 번째 출판기념회가 '영우도 주민잔치'였으니 이번엔 '영우도 주민 소풍날'로 하면 되겠다.

장소도 자연스레 정해진다. 우리 집 뒷산인 수태산에 있는 보현암으로 혼자 정했다. 그때 가서 양해를 구하기로 하고 일단 정했다. 보현암에서 자란만을 바라보며 영우도 자리를 찾아 가만히 영우도를 내려놓았으니 그 영우도를 바라보며 영우도 주민들과 소풍을 즐기면 되겠다. 그리고 마지막은 천상병 시인의 시 〈귀천〉 낭독으로 마무리 하면 되겠다. 정말 소풍날이 기다려진다.

  사람들이 나더러 사람 부자라고 한다. 초대할 사람(문상객)을 적어 본다. 친분이 있다는 정도가 아니라 마지막 인사를 나누고 싶은 사람 들을 적어본다. 생각보다 많다.
  내 삶이 남들이 부러워할 만큼 넉넉하지도 화려하지도 않았다. 그럼에도 불구하고 서로를 느끼고 아껴 주는 사람들이 많다. 잘 살았다고 내게 말한다. 그들 덕분에 미리 하는 장례식이 따뜻하고 흐뭇하겠다. 즐거운 소풍날을 기억하며 눈 감으면 상윤이가 마중 나와 있겠지.
  그리고 훗날 나의 죽음을 연락 받으면 오늘 '영우도 주민 소풍날'을 떠올리며 가볍게 안녕이라고 해주면 될 것이다.

chapter 4

훗날의 애독자

남편이랑 산길을 가다가 잎은 모두 떨어지고 열매만 달랑 두 개 달려 있는 큰 나무를 만났다. 남편 어깨에 무등을 타고 까치발로 열매 두 개를 땄다. 첫 번째 태몽이었다. 그 뒤로도 똑같은 것이 두 개씩 나오는 꿈을 몇 번 꾸었다.

첫아들을 낳았고 둘째는 딸이었으면 했는데 아들이란다. 첫아이 때 태몽이 생각났다. 어차피 아들뿐인가 보다고 생각했다.

늘 두 아들에게 미안하다.

나는 여러모로 부족한 엄마였다. 능력이 있어 뒷받침을 제대로 해 주는 엄마도 아니었고 현실적인 안목도 부족해서 앞서가는 정보를

제공하지도 못했고 경쟁력이 부족하여 이럴 때는 이렇게 저럴 때는 저렇게 지름길을 알려주지도 못 했다. 그냥 바라보고 기도하는 마음으로 기다리는 정도였다. 그렇게 부실한 엄마였음에도 불구하고 제대로 자라 준 아들들이 고맙다.

"느그들한테 미안하다. 공부하라는 소리라도 했더라면 더 좋은 대학 가고 날씬하게 살 텐데."

"공부하라 소리 안 한 것이 엄마가 우리한테 제일 잘한 일인데."

"엄마, 서울대 나와도 빌빌거리는 사람도 있다."

그렇게 말해줘서 고마웠다.

둘째가 어깨 수술로 아무것도 할 수 없을 때 공무원 시험 준비하면 어떻겠냐고 했다.

책을 구입하고 공부를 시작한 아들에게 지나가는 인사로 물었다.

"그간 공백이 있었는데 공부 잘되나?"

"엄마, 시험에 합격한다고 해도 공무원은 안 해요."

"그럼 공부는 왜 하냐."

"살면서 엄마가 처음으로 내게 부탁한 일이니까."

"그럼 에너지 낭비지."

내 첫 번째 수필집을 남편도 아들도 읽지 않았으니 두 번째 수필집도 아마 읽지 않을 것이다.

큰아들은 며느리가 읽고 이야기를 나누면서 조금은 읽었을까?

사람들이 웃긴단다. 읽어보라고 권하지 않는 나도 웃긴단다. 책을 읽는 것은 독자의 몫이고 난 그냥 너무 가까운 가족(아내, 엄마)의 이야기를 대한다는 것이 쑥스러운가? 하고 생각할 뿐이다. 남편은 어찌 될지 모르겠지만 아들들은 내가 떠나고 나면 읽겠지. 그냥이 아니라 정독하겠지.

긴 시간들이 흘러갔다. 그래도 변함이 없는 것은 이 세상에 와서 제일 잘한 일이 선鮮이와 원源이를 낳았다는 것이다.

훗날 애독자가 될 두 아들을 생각하면 너무너무 미안하고 두고두고 고맙다.

경남산문선 98

영우도影友島
박재연 수필집

1쇄 펴낸날 2025년 10월 25일

지은이 박 재 연
펴낸이 오 하 룡

펴낸곳 도서출판 경남
주 소 창원시 마산합포구 몽고정길 2-1
연락처 (055)245-8818
이메일 gnbook@empas.com
출판등록 제1985-100001호.(1985. 5. 6.)
편집팀 오태민 심경애 구도희

ISBN 979-11-6746-202-2-03810

ⓒ박재연

＊잘못된 책은 바꿔 드립니다.
＊저자와 협의 인지 생략합니다.

〔값 15,000원〕